JN246294

「探究」を探究する

本気で取り組む高校の探究活動

田村 学＋廣瀬志保 編著

はじめに

「総合的な学習の時間」（総合学習）を中心に社会参画、社会貢献をし、地域における活力の源となっている全国各地の高校生の姿を綴る連載は、２０１３年４月から始まり５年目を迎えた。地域活性化に力を注ぎ、地域に認められ、自信につながる経験をする高校生もいれば、必ずしも成功体験とは言えないが、その経験を糧にして成長する高校生の姿もあった。そしてその横には、高校生を支える素晴らしい先生方がいた。

高校生に、やりがいや自己の変容や将来の夢などをインタビューした後、横で見守っていた担当の先生がこっそりと「生徒の成長ぶりに驚いた」「こんなに生徒がしっかり考えていてくれたなんて。感動です！」「やってきたことが伝わっていた。嬉しい」と語る。目頭を押さえた先生もいた。貴重な時間を割いていただき申し訳ないと思いながらの取材も、このような場面に立ち会え、筆者のほうが感動したことも何度もあった。

この総合学習の魅力を、高校生や教師の声はもちろん、地域や連携先の方々の生の声を極力拾い、リアルに伝えたいと考えた。地域住民は、高校の垣根が低くなったことで見方も変わり、高校生の能力の高さにも気づき始めている。知ったからこそ地域ぐるみで応援する体制が生まれて、高校と社会とのつながりが強くなっていることも実感できた。

また、これから総合学習のカリキュラムづくりを考えている先生や、現在の総合学習の学びの質をさらに高めたいと考えている学校の参考になる連載にしたいと考えた。そこで、まずは好事例を探すことに力を注いだが、連載当初は好事例が少なく、原稿締め切りの前日まで学校選びに奔走したこともある。あるいは実践報告が出されている学校に問い合わせてみると、「現在は指定校ではないから実践していない」とか、「当時中心になっていた先生が異動したので実践できない」という回答が返ってきたこともあった。

しかし、5年経過した昨今は、全国どの都道府県にも好事例が生まれ、中には教育委員会ぐるみで探究を推進している地域もでてきた。組織づくりやカリキュラム、校外との連携に地域や学校の特徴を生かした取組があり、なるほどと思う学校ばかりであった。小学校、中学校の探究的な学びをさらに発展させ、上級学校や社会につないでいくという、高校の総合学習の本来の役割が数歩進んだように思う。

来年3月告示予定の新学習指導要領では、新たな時代に必要となる資質・能力としてコンテンツベースの学びに加えてコンピテンシーベースの学びが重視されるという。「どのように学ぶか」「何ができるようになるか」という新たな視点も加わった。知識を習得して活用する先に「探究」があり、その学習プロセスの中で、問題発見・解決を念頭に置いた深い学びの過程を実現することが求められている。これらは総合学習の目指すところと合致し、教科を横断して総合的・多角的に見たり考えたりすることで、知の構造化が進み、深い学びを醸成することができる。ただし「探究」は、総合学習だけのものではない。先生方が総合学習で得た「探究」の知見を各教科に還元し、教科の知識を活用した「探究」を展開することができるだろう。

連載校から「県外からの視察が増えた」という便りが届く。探究の実践先進校を視察した学校が、そのエッセンスを自校に取り入れ、好事例が広まり、高校生の輝く笑顔が見られることを期待したい。

なお、本書は、

2013年4月～「地域活力の源！輝け高校生「総合的な学習の時間」が地域を変える」

2015年4月～「輝け高校生Ⅱ～高校で育む21世紀型学力～」

2017年4月～「探究を『探究』する」

とタイトルを替えながら続けてきた連載から、一部の記事を抜き出してまとめたものである。紙幅の都合で、すべての学校の記事を収録することができなかったことをお詫び申し上げたい。また、中には初出時からかなり時間が経っている記事もあり、実践が一歩も二歩も進んでいる学校もあるが、今回は当時の記事をそのままに掲載させていただくこともご容赦願いたい。

最後に、連載するにあたりご協力をいただきました各高校の先生方はもちろん、連載及び本書を一緒に作ってくださった田村学先生、編集担当の二井豪さんに心から感謝を申し上げたい。

2017年10月

廣瀬　志保

目次

第2章◉「探究」実践例17選 29

※本書第2章、第3章は、「月刊高校教育」に連載中の「「探究」を探究する」（「地域活力の源！輝け高校生」「輝け高校生Ⅱ」から名称を変更）に掲載の記事から一部をピックアップし、集録したものです。当時の記事をそのまま集録しましたので、各実践校の学校名、所属、学年等はすべて当時のままです。最新の情報は各学校のホームページ等でご確認願います。なお、第2章の見出し下に括弧で入れてあるものは、「月刊高校教育」に掲載した月号を表示しています。

第1章

高校での「探究」のこれまでとこれから

1　高校での「探究」を考えるために

(1) 未来社会に求められる人材と「探究すること」

ここ数年の教育課程の議論は、「このまま手をこまねくだけなら、本当にこの先の社会が心配だ」という危機感と、「いや、教育によって子どもたちが本来もっている力を育成していけば、たとえ変化が激しくとも未来は拓けるのではないか」という期待感の絡み合った状態とも言える。学習指導要領改訂のたびに将来への危機意識について触れてはきた。しかし、近未来の危機が生々しいリアルさを伴って突き付けられたことで、「教育を変えなければいけない」ということに、多くの人たちが真正面から向き合うようになった。

実際、多くの未来予測からも明らかなように、目の前の子どもたちが活躍するであろう２０３０年の近未来においては、人工知能の革新的進化などに象徴される、想像以上の大きな変化が現実味を帯びてきている。そうした変化の激しい社会、日常の暮らしの中に人工知能などが普及する社会においては、ただ単に一方的に知識を教えるだけの教育を行っていても期待される人材を育成することはできない。知識の習得はもちろん重要ではあるものの、これからの社会においては、身の回りに生じる様々な問題に自ら立ち向かい、その解決に向けて異なる多様な他者と協働して力を合わせながら、それぞれの状況に応じて最適な解決方法を探り出していく力をもった人材こそが求められている。また、様々な知識や情報を活用・発揮しながら自分の考えを形成したり、新しいアイデアを創造したりする力をもった人材が求められている。このことに関しては、小中学校の義務教育段階はもちろん、現実の社会を目の前にしている高校において、一層の現実味を帯びてきていることは誰もが感じるところであろう。

こうした新しい社会で活躍できる人材の育成に向けては「何ができるようになるか」が重要であり、そのためには「何を学ぶか」に加えて、「どのように学ぶか」を議論の中心に据えて重視してきた。そのことが、主体的・対話的で深い学びの実現であり、探究することをその本質とする「総合的な学習の時間」（新しい教育課程の基準においては、高等学校は「総合的な探究の時間」と名称変更される予定。本稿においては「総合的な探究の時間」として記していく）をモデルとした、アクティブ・ラーニングの視点による授業改善と考えることができる。

（2）「教育課程の起点」としての「総合的な探究の時間」

現在の日本の子どもの学力を分析すれば、およそ大きな成果が上がってきていると考えることができる。例えば、ＰＩＳＡ調査の結果においては、近年好ましい状況を示し、世界的に見ても高水準を保っている。また、全国学力・学習状況調査の結果については、各都道府県の格差が縮まり、テストなどによって測定できる学力については、一定の成果が出ていると考えることができる。一方、ＴＩＭＳＳの調査結果からは、「授業が楽しくない」「授業が役立つとは思わない」などの意見を持つ子どもの割合が諸外国より高く、近隣諸国の子どもより自己肯定感が低いことなども明らかになっている。学力が上がっているにもかかわらず、である。さらには、自分で考え、判断して、行動する力などにも不十分さを示している。また、高等学校においては、依然として旧来のチョーク&トークの授業が行われ、知識の暗記・再生に主眼が置かれた教育活動が展開され、実際の社会に活用できる「思考力、判断力、表現力等」の資質・能力を育成することには至っていない。

社会の変化を見据えることのみならず、子どもの実態を見つめることからも、「何ができるようになるか」のために、「どのように学ぶか」を一層重視する必要がある。

こうした社会の変化や子どもの実態から、「何ができるようになるか」として、育成を目指す資質・能力を以下の３つの柱として整理してきた。

① 「何を理解しているか、何ができるか（生きて働く「知識・技能」の習得）」
② 「理解していること・できることをどう使うか（未知の状況にも対応できる「思考力・判断力・表現力等」の育成）
③ 「どのように社会・世界と関わり、よりよい人生を送るか（学びを人生や社会に生かそうとする「学びに向かう力・人間性等」の涵養）

こうした整理は、各教科等において育成を目指す資質・能力を明確にするだけにとどまらず、教科等横断的な学習を実現することに寄与するものと考えることができる。

学び手である子どもは一人の存在であり、子どもにとって各教科等の学びはどのようにつながり、連動しているのか。そして、それが子どもにとって意味のあるものとして存在しているのかが問われている。これこそが、カリキュラムを「学びの地図」とする考え方につながる。その際、カリキュラムの中核になるのは、総合的な探究の時間であり、このことについては、今回の改訂で疑う余地のないものとなった。

それは、小学校学習指導要領の総則第2「教育課程の編成」の1の「各学校の教育目標と教育課程の編成」において、次のように記述されていることからも明らかである。

> 教育課程の編成に当たっては、学校教育全体や各教科等における指導を通して育成を目指す資質・能力を踏まえつつ、各学校の教育目標を明確にするとともに、教育課程の編成についての基本的な方針が家庭や地域とも共有されるよう努めるものとする。その際、第5章総合的な学習の時間の第2の1に基づき定められる目標との関連を図るものとする。

この記述から高等学校においても、総合的な探究の時間は、各学校がカリキュラムをデザインする上での、中核的な存在として位置付けられることが容易に予想できる。

つまり、探究することを本質とする「総合的な探究の時間」では、学校教育目標との直接的な関係を持つ唯一の時間として教育課程上に位置付けられ、各教科等を横断して資質・能力を統合する教育課程上の役割を担い、学校独自のカリキュラムをデザインするという「教育課程の起点」と考えることが重要になる。

(3) 駆動する「知識・技能」としての資質・能力と「活用・発揮」して「探究すること」

育成を目指す資質・能力の3つの柱、すなわち「知識及び技能等」「思考力・判断力・表現力等」「学びに向かう力・人間性」については、次のように考えることができる。

「知識・技能」については、各教科等で習得する「知識・技能」が相互に関連付けられ、社会の中で生きて働くものとして形成されるようにすることが大切である。具体的な事実に関する知識、個別的な手順の実行に関する技能に加えて、複数の事実に関する知識や手順に関する技能が相互に関連付けられ、統合されることによって生成される概念的知識などが大切である。

「思考力・判断力・表現力等」は、「知識・技能」が未知の状況において駆動できるものと捉えることができる。具体的には、身に付けた「知識・技能」の中から、当面する課題の解決に必要なものを選択し、状況に応じて適用したり、複数の「知識・技能」を組み合わせたりして、適切に活用できるようになっていくことを「思考力・判断力・表現力等」と考えることができる。教科等横断的な情報活用能力や問題発見・解決能力を構成している個別の「知識・技能」も課題や状況に応じて選択したり、適用したり、組み合わせたりして活用できるようになっていくことが、それらの教科等横断的で汎用的な力の具体と考えることができる。

つまり、「思考力・判断力・表現力等」は、「知識・技能」とは別に存在しているものではない。習得したときと異なる場面や状況においても、「知識・技能」が駆動できるようになることが大切であり、身に付けた「知識・技能」が、様々な課題の解決において「活用・発揮」され、異なる状況において駆動できるようになることこそが、個別の「知識・技能」の習得という状態を超えた、「思考力・判断力・表現力等」の育成という状態と考えることができる。

「学びに向かう力・人間性等」についても、よりよい生活や社会の創造に向けて、自他を尊重すること、自ら取り組んだり異なる他者と力を合わせたりすること、社会に寄与し貢献することなどの適正かつ好ましい態度として「知識・技能」が駆動できることと考えることができる。「知識・技能」

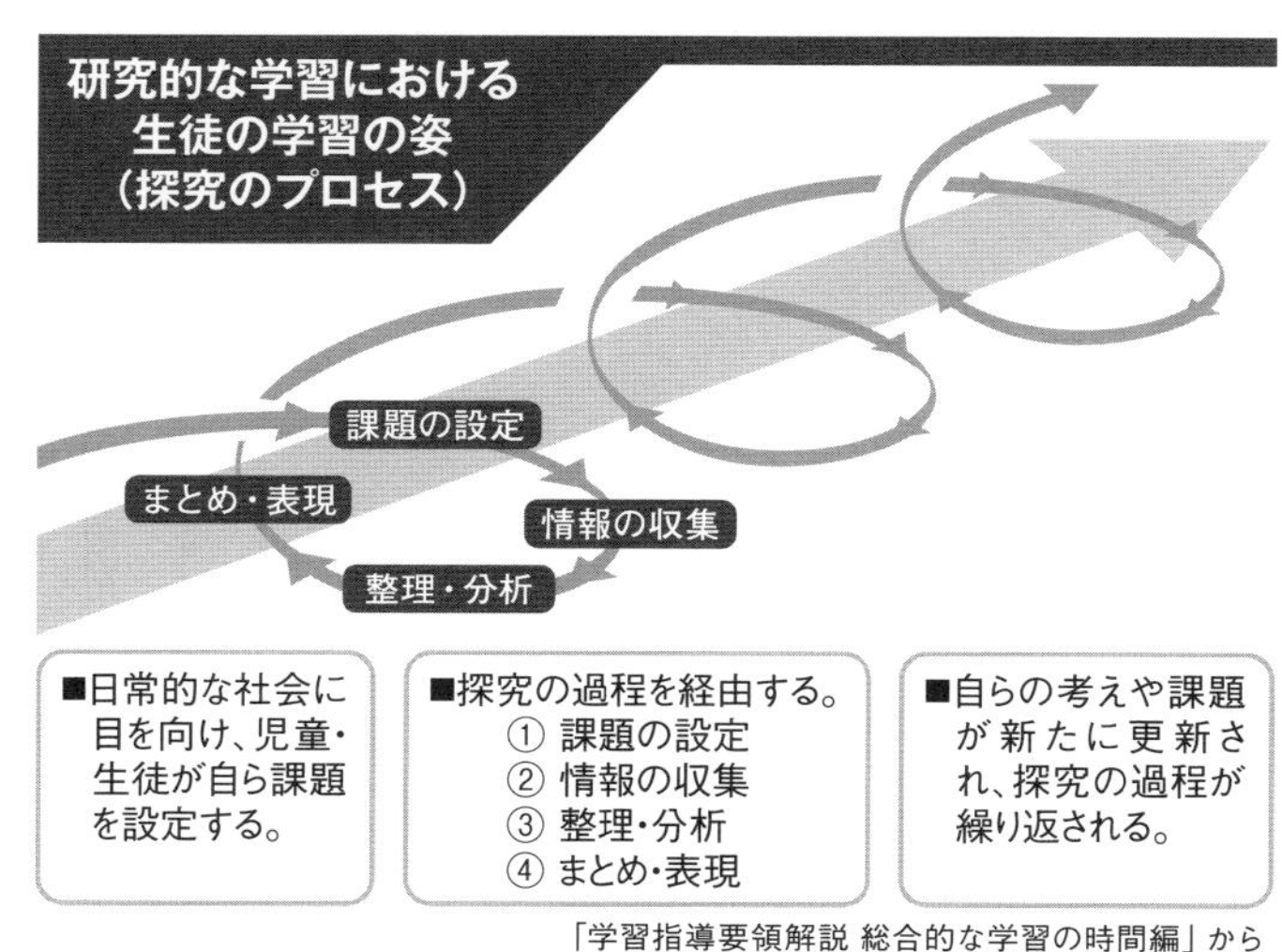

「学習指導要領解説 総合的な学習の時間編」から

が構造化されたり、身体化されたりして高度化し、適正な態度や汎用的な能力となって駆動する状態となり、身に付いていくことが重要なのである。

さらに重要なことは、そうした状態になるためには「知識・技能」が学習過程において「活用・発揮」されることにある。そのためにも探究的に学ぶこと、探究のプロセスを重視することが欠かせない。今回の学習指導要領改訂においては、各教科等においても探究のプロセスをモデルとして学習のプロセスを明らかにしてきた。それは、探究することによって「知識・技能」が「活用・発揮」され、期待する「資質・能力」が育成されることを目指しているからである。

(4) OECDが示す国際標準の学力と「探究すること」

(3)に示した「知識・技能」が駆動することこそが、OECDが目指している国際標準の学力であり、このことは、高等教育の改革や大学入試改革とも連動している。OECD教育・スキル局長のアンドレアス・シュライヒャー氏は、次のように語っている。

「かつて日本の生徒たちは記憶中心の勉強をしていたが、すっかり脱却し、自分で優先度や目標を決め、計画的に学ぶようになった。だが、様々な知識や情報を自分で関連付けて学ぶ生徒は少なく、そのことに関して日本は世界で下位グループだ。関連付けて学ぶとは、数学の勉強をしているときに、理科や社会の知識と結び付けて理解したり、日常生活での使い方を考えたりすることである。数学では簡単な問題なら記憶中心でよく、やや難しい問題までなら計画的学習で対応できるが、最高難度の問題だと、他の知識と関連付けることが欠かせない。
過去15年の日本の学力向上は、総合学習の成果だと考えると説明が付く。そして、シンガポールや上海では、総合学習のような探究的学習を日本以上に優先してやっている。」（2017年8月11日、読売新聞より部分的に抜粋）

ここで記している記憶中心の学習（記憶戦略）とは、これまで頻繁に行われてきた繰り返し反復の学習をイメージするとよい。計画的学習（自己制御戦略）は、自分で目標を定め、計画を立て、振り返りながら、自らの学びをコントロールする状態をイメージしたい。関連付ける学習（精緻化戦略）は、新しい知識を既存の知識や情報、他分野の知識や情報、体験と結び付け、深く理解し、定着も図ろうとすることとイメージしたい。

こうして考えてくると、国際社会で求められている人材、そうした人材に備わっていることが期待される学力においても、「探究すること」が極めて重要であることが明らかであり、しかも、その方向性を既に日本の教育でも実現してきていることが分かる。このことは、高等学校におけるスーパーサイエンスハイスクール（ＳＳＨ）やスーパーグローバルハイスクール（ＳＧＨ）の探究に向けた取組、地域活性化に向けて高校生が地域課題を探究する姿、国際バカロレア校などの知を探究する学びの姿などに顕著に現れていると考えることができよう。

同時に、国内における大学入試改革は、まさにそうした学力としての資質・能力の育成を期待するものであり、そうした学力の測定と診断を推進していこうとする取組なのである。

(5)「探究すること」を実現するための2つのポイント

これからの社会で求められる資質・能力の育成には「探究すること」が欠かせないこと、そのことを教育課程の中核とすること、そして、そこで育成される資質・能力の具体的なイメージを明らかにしてきた。この「探究すること」を実現するためには「到達点の明確化」と「通過点の具体化」がポイントになる。

到達点の明確化

探究にはプロセスがあり、そのプロセスが繰り返されていく。重要なことは、そのプロセスが目指す方向性、ベクトルを明らかにしていくことにある。生徒一人一人の学びの向かう先はどこなのか。このことを明らかにしておかないとプロセスがはい回り、単なる活動を行っただけで終わる心配がある。「探究すること」へと学びの質的な高まりを生み出せないことが心配される。

「探究すること」で、生徒一人一人はどのような資質・能力を身に付けるのか。何を学び、どのような概念を形成する認識の高まりが期待できるのか。その到達点を明らかにしておく必要があろう。

通過点の具体化

もう一方で、「探究すること」でどのように学び、どのような課題を発見し解決する資質・能力を身に付けることが期待できるのか。そのために通過点では何を行うべきかも明らかにしておく必要がある。

今回の改訂では、「考えるための技法」を重視し、小中学校では学習指導要領に明確に位置付けた。ここでいう「考えるための技法」とは、いわゆる思考スキルのことであり、例えば、比較する、分類する、関連付けるなどの考える際に行われる知識や情報の処理方法のことである。これらは、各教科等においても示され、例えば、国語科においては「情報の扱い方」で、算数科では「データの活用」で、理科では「比較・関係付け」などとして明示している。

こうした「考えるための技法」が「探究すること」の通過点において、確実に「活用・発揮」され、身に付いていくことも重要になろう。

また、この思考スキルについては、先に示したように「知識・技能」としての思考スキルが、場面や状況とつながり自在に活用できる状態、すなわち駆動する「知識・技能」としての「思考力・判断力・表現力等」として身に付くことが期待されており、そのためにも、「探究すること」による「活用・発揮」が欠かせないこととなる。

（田村　学）

【参考文献】
・「初等中等教育における教育課程の基準等の在り方について（諮問）」（中央教育審議会、２０１４年11月20日）
・「教育課程企画特別部会における論点整理について（報告）」（教育課程企画特別部会２０１５年８月26日）
・「幼稚園、小学校、中学校、高等学校及び特別支援学校の学習指導要領等の改善及び必要な方策等について（答申）」（中央教育審議会、２０１６年12月21日）
・拙著『カリキュラム・マネジメント入門』東洋館出版社、２０１７年３月

2 探究を深めるエッセンス～50校の実践が教えてくれたこと～

これから始まる「総合的な探究の時間」に向けて、「探究」を先進的に実践している高校から学んだ知見を紹介する。

(1) 探究の質を高めるカリキュラム・マネジメント

新学習指導要領で総合的な探究の時間は、細かい内容が定められない予定とされ、そうなると、各学校が内容を定めることのできる唯一の授業となる。学校教育目標の実現を目指し、学校の特色づくりに大きな役割を果たせる時間であり、各教科を横断的に扱い学校教育全体の軸にすることができる時間でもある。

総合的な探究の時間でどのような生徒の育成を目指すのか、どのような資質・能力を育みたいのかを熟考し、決定するかは重要なプロセスである。学校教育目標を踏まえ、管理職のビジョン、教師の思い、地域や保護者の願いを統合するために、学校評価や教員アンケート結果などから目標をつくることができる。

校内研修会などを利用して、全教員がかかわって自校生徒の課題を明らかにし、その課題を目標に反映させることができれば、教員全員にとっても自分事となり共有が円滑に進む。また、一旦つくれば安心ということではなく、毎年入学してくる生徒に対して最も育てたい資質・能力を目標に据えるため、毎年の見直しが重要である。ここでは、PDCAサイクルの確立が必要となる。

次に、目標を達成するにふさわしい、具体的な3年間の全体計画を練る。探究サイクルを何度経験させるのか、探究課題（テーマ）をどのように設定するかである。探究サイクルの回数は、探究の基礎を学ぶことに主軸を置いたサイクルを1～2回経験させた後、各生徒の「探究」を長期にわたって行う例が多い。途中、フィールドワークとして修学旅行や海外研修の時間を組み込む高校も増え、探究プロセスに位置づけられる事例も見られる。

また、探究課題は自由に設定する場合もあるが、最近の傾向として、地域創生、環境保全、エネルギー、商品開発、国際理解、防災などを大テーマに設定する高校が増えている。

探究プロセスは課題設定、情報収集、整理・分析、まとめ・発表の4つのプロセスがあるが、課題設定にはかなりの時間を費やしている。大テーマが決められている場合でも全体の時間数に対する課題設定の割合は高いが、自由に設定させる場合には半年間かけている高校もある。

高校生が主体的に課題設定できる力をつけるためには、日常的に課題意識を持たせることは言うまでもないが、基礎基本の習得に加え、社会や日常と知識との関連付けも知識の構造化を促すのに効果的だろう。専門家の講演を聞いて最先端の情報を得ることや、上級生の発表する姿を見せてレディネス効果を狙うこともある。その上で、高校生が長期間モチベーションを維持し続けられる課題の設定を支援したい。

現状と未来の理想像を比較する、グループで興味を持ったテーマをブレーンストーミングで出し合い、KJ法で収束させるなど多様なアプローチができる。生徒が仮説を立て、見通しを持って実践計画を立てる過程では、教師は生徒との対話や、問いを投げかけることで課題の絞り込みをする。たとえば、高校生に取り組める課題になっているのか、内容や時間、設備、場所、費用などが実践に適しているかを考えさせ、道筋をつけられるような支援をすることが肝心である。高校生がゴールを見いだせる課題へと到達するためには、課題設定の中に、小さな探究のスパイラルがあると考えると分かりやすいのではないだろうか。

情報収集は、目的を明確にして、それに合った方法を選ばせたい。質問内容は適切か、分析したい内容に適しているのか、そのためにはどのような質問が適切なのかである。

整理・分析は、情報収集した内容をどのように再構成するかが重要となる。たとえば、思考ツールで比較、分類、統合、関連付けなどして視覚化したりすることや、数学で学んだ統計処理の手法を用いて図や表、グラフなどで表すことが求められる。データ量やグラフの種類など得た情報を整理しなおすことで新たに見えてくることもあり、そこから、次の新たな問いが生まれてくる。

まとめ・発表では、どのような形式で誰に対して発表を行うのかを初期の段階で明らかにする。すなわちゴールを示し、発表の後には必ず全体を振り返ることのできる時間を確保したい。

これらの計画全体をグランドデザイン構想図（ポンチ絵）や時系列での構想図で視覚化することは、生徒や教員が全体像を共有するために効果的である。

（2）チーム学校での組織づくり

総合的な探究の時間を実践する組織づくりも重要である。学校全体にかかわる授業という特性から、担当する校務分掌には全体コーディネーターを置き、学校全体を俯瞰できるミドルリーダーを配置したい。分掌内には各学年の担当者、もしくは各科の担当者が所属して、授業担当者と連絡調整が円滑に進められる環境づくりをすることが肝心である。

また、外部との連携担当を誰が担うのかも重要になる。外部連携は、日頃より地域や学問的な有識者に対してのアンテナを高くして、連携や協力ができる関係をつくっておく必要がある。関係を構築するためには、丁寧で詳細な説明が必要であり、信頼関係が要である。適所で適任の外部講師への協力依頼ができるかどうかが、豊かな探究の授業を創出するためのポイントである。さらに、年度の変わり目には、担当者が変わっても円滑な引継ぎができるように工夫しておくことが望まれる。

組織の運用面では、打ち合わせ時間を時程内に設けることが成功のカギである。毎週、担当者が顔を合わせ実践報告や今後の予定を確認しながら実践することで、計画と実践状況のズレの解消を可能にし、新たな推進上の問題の改善策なども話し合われる時間となる。

そして、全教職員で探究を推進するためには、探究にかかわる校内研修の実施や職員会議での情報共有に工夫を要する。管理職にもコメンテーターや授業の講師として授業に参加してもらう場面を作り、全校体制での充実を図っている事例もある。

（3）授業担当者の変容

「生徒が主体的に…」を実現するために、授業担当者としてどのようにかかわればよいのだろうか。教えるのではなく、ファシリテーター役に徹しているのだという教師が多い。生徒が追究したいと思う課題の正解を教えるのではなく、課題解決に導けるような支援をするというのだ。

生徒の思考や行動を見取り、方法や方策についてアドバイスをする。専門的な知識が必要な時はどのような文献を調べるのが有効か、専門家に聞いてみるのはどうか、校内に専門の教員がいるようならば、その教員に聞いてみたら?というアドバイスも一方策だ。したがって、課題分野と教員自身の専門分野が違う場合でも決して危惧することはなく、一緒に探究をして支えていけばよい。

課題設定はしたものの、思うような結果に至らないこともままある。しかし、探究は結果だけではなくプロセスも十分に学びになるのでじっくり寄り添えばよい。時には失敗を見守り、生徒に振り返らせると、その後、予想以上の成果を出すこともある。探究プロセスは学びが満ちているので、教員もその学びに気づく力をつけることがよい支援者となり得る一歩である。

また、教員は「つなぐ」という役割も担っている。生徒と生徒、生徒と教員をつなぐのはもちろんだが、生徒と学問をつなぐ、生徒の現在と未来をつなぐ、生徒と外部の人材をつなぐ、教科と教科をつなぐなど「つながり」がキーワードだ。これが、協働であり、キャリア教育であり、教科横断的な学びにつながるのである。

(4)「総合的な探究の時間」から教科の授業改善へつなげる

探究プロセスで、教員は生徒の主体的な活動を促すためにファシリテーターとしてかかわるようになる。知識や技能を教えるのではなく、既習事項をフル活用して探究する。自然と探究テーマに対する、本質的な問いを生徒に投げかけることとなる。すると、教科でも単元の本質は何か、生徒の最近接領域を刺激する問いとは何かを考えるようになる。自ずと深い問いが立てられるようになる。

教員は待つことを体得し、教科の授業でも生徒に考える時間や、話し合いや発表をする時間を計画的に取り入れられるようになる。自然にアクティブ・ラーニング型の授業実践ができるようになる。正解のない問いへ向かわせる、失敗体験も困難な状況を乗り越える学びとして生かすなど、新たな学びを支える教員の姿が見られた。教員の意識改革は進み、教科の授業改善も確実に進む。

評価についても同様である。総合的な学習の時間では目標に対する評価基準が明確化され、「何ができるようになるか」「どのような力がついたのか」を生徒自身がメタ認知できるような評価をする事例が生まれている。毎時の目標、単元目標、全体目標に対して、ルーブリック評価や、一枚ポートフォリオ評価が重要になる。これを、教科に置き換え、パフォーマンス課題に対するルーブリック評価の活用や、診断的評価、形成的評価、総括的評価が一枚の用紙で可能となる一枚ポートフォリオ評価などを活用する教員が増えている。教科での目標と指導と評価の一体化を進めるためにも、全校体制で総合的な探究の時間を充実させていきたい。

(5) これから

実践校の高校生がよく口にするのが、「自分に自信が持てるようになった」である。自己肯定感の高まりを表現した言葉である。実践校による事前事後のアンケート調査でも、自己肯定感が高まったという報告がある。また、実践校の卒業生への取材で「総合的な学習の時間での体験で、今の人生があります」と数人から聞いた。言葉には重みがあった。自己の在り方生き方の方向付けになり、進路に大きく影響があったというのだ。

この自己肯定感の高まりや在り方生き方への影響力について筆者は、外部の人とかかわり、高評価を得たからではないかと考えていた。もちろん、それも一因ではあると思うが、よく話を聞いてみると「探究を体験したから」という共通点があった。自ら課題を設定し、計画を立て、実践する。このプロセスを進めるためには、判断をして方向性を決め、まとめて発表しなければならない。まさに今、求められている力である「思考力・判断力・表現力」の具現化である。

この「探究」で培われる力が高校生にとって、将来への道標となっている。そして、教員自身が「探究」を探究して、目の前の高校生の10年後、20年後の姿を思い描きながら日々の授業に臨んでいきたい。

(廣瀬志保)

第2章

「探究」実践例17選

岡山県立
林野
高等学校

高校生の夢から地域の夢へ

（2013年6月号）

郷土芸能の継承

岡山県美作国建国１３００年記念事業の一環として開催された湯郷温泉の「和祭」で、郷土に伝わる宮原獅子舞〈写真〉を舞ったのは、地元岡山県立林野（はやしの）高校の６名の生徒たちだ。舞を盛り上げる太鼓や笛も同校の８名の生徒が奏でた。宮原獅子舞は美作地域の伝統芸能で１９８６年には岡山県の重要無形民俗文化財に指定されたが、後継者となる若者がおらず存続が危ぶまれていた。そこで、総合的な学習の時間（以下、総合学習）で福祉分野の探究をしていたグループの生徒たちが、「伝統文化の継承を通じて地

域福祉に参画したい」と、2年前から宮原獅子舞保存会に指導を受けて舞を会得し、福祉施設などを訪問するようになった。1年目に披露した時、見に来たお年寄りに「『ひょっとこ』がいないのは宮原獅子舞ではない」と言われ、芸の幅を広げる努力もしてきた。

宮原獅子舞は、自然な獅子の姿を表現するために3人で舞う6本足の珍しい獅子舞だ。獅子頭で軽快に舞っていた、リーダーで3年の千原大典君は「一番感動したのは、老人ホームへ行った時のことです。獅子の頭で噛んだ時、おばあさんが『ありがとう、ありがとう』と涙を流したんです。獅子が噛むとげん担ぎで縁起が良いことは知っていたけれど、それ以上の力があることに驚きました」と話してくれた。また、「物事に前向きになり、リーダーとして動けるようになった気がする」とも言い、休日のこの日も片道1時間以上かけて祭に参加した。こんな千原君の変化を、学年主任の黒瀬大亮教諭は「以前とは明らかに違う、宮原獅子舞の活動を始めてから何事にも積極的になった。進路についても考えるようになったのは大きな前進」と語る。

この日、観客席にいたお年寄りも「懐かしくて、涙が出るほどうれしいけぇ」とかつての獅子舞の話を楽しげにしてくれた。美作アートプロジェクト「和祭」担当者でガラス工房を営む岡本常秀さんは「意欲がある高校生が主役になることで、町はよくなるんじゃないかな。伝統を受け継ぐ、新たに生み出す。そんな発表ができる場を、一緒にやっていきたい」と語る。そして、観客席で見ていた保護者の中原弘美さんは「林野高校生というだけで、地域の方から声をかけてもらえ、逆に高校生が困っている地域の方に声をかけられる空気が生まれています」と話してくれた。

MDPで総合学習を活性化

林野高校は、岡山県北東部の美作市にある全日制課程の普通科単位制高校で、1学年4クラス、全校生徒数330名余りの学校である。立地する美作市は2005年に5町1村が合併し、人口約3万人の中山間地方都市である。過疎高齢化が進んでいて、15年には高齢化率が39％になるという予測がある。このような状況の中、同校ではMDP（My Dream Project）と名付けた総合学習において、一昨年から「地域の課題を考える」探究的な学習を通して、意欲に満ちた学校づくりをしている。自分という存在を社会でどう生かすか、何年後かの（地域）社会を、（地域）社会の一員として支える存在であることを意識した活動、社会で必要とされる力を育成する活動と捉え、地域を対象とした課題解決型の活動を地域の人々と協同して行っている。

●全校縦割

林野高校の総合学習（MDP）の特徴は学年を超えた縦割りグループによる活動にある。全校生徒330名余りが10のグループに分かれ、さらにグループごとに活動チームを作る。12年度は32チームで1チーム約10名であった。

どのチームにも1年生から3年生までの生徒がバランスよく配置されていて、チーム内では全員に役割分担がある。3年生1名を相談役（リーダー）、2年生1名をマネージャー（副リーダー）

として、ほかのメンバーは議事録、発言者、働き手などの役割が割り振られる。チーム内での協同的な取り組みが自然に育まれていく。

そして、何と言っても縦割りの良さは、1年限りで探究テーマが終わらないことにある。長期目標は「2018年までに『ふるさと創造』をすること」である。その上でグループごとに3年後の中期目標と年度ごとの短期目標を設定する。3学年が協同で探究活動を行うので、前年度の課題を踏まえて新たな短期目標を設定するという「探究のスパイラル」が保証されている。また、中期目標が念頭にあることが、MDPの取組をより活発なものにしている。

評価は、達成目標（評価規準）とステップごとのルーブリック（評価指標）を明確にしている。まずは、全教員で「どんな能力を身につけさせたいか」という目標を共有する。

各グループには顧問が3～4名配置され、グループごとの目標、進捗状況や内容の確認は時間割の空き時間に打ち合わせ会議を行う。また、各グループの代表が集まりMDP委員会を開き全体のベクトル合わせが行われる。教員の協働性の高まりも感じられるという。

●デアイ、祭り、報告会

生徒自身が興味を持つ分野からスタートするのがMDP。例えば「外国の人や文化に興味がある」「心と脳の不思議を解明したい」「社会の仕組みを考えたい」「自然の不思議や環境問題に関心がある」「教育について考えたい」などの様々な視点からスタートし、そこから「地域について」

学んでいく。

6月上旬に実施されるMDP「デアイ場」は「地域の達人講座」。ここで生徒たちは、美作市商工観光課、高齢者福祉施設などの地域の自治体、地域おこし協力隊、看護師などの地域住民を講師として助言をもらう。この出会いをきっかけにして、次第に生徒自ら出かけて行って地域とつながることでMDPの活動の質的向上のための知識や技能などの情報を現場に行って収集してくるようになる。

9月下旬にはなまこ塀の蔵の残る、地元商店街を借りて、「むかし倉敷ふれあい祭り」〈**写真**〉が行われる。かつては高瀬舟の水運と商業で繁栄した林野地区の中心部だが、近年は商店街が衰退の一途をたどっている。そこで林野高校生がMDPのグループを母体に、活性化を目指して、地域の方々とも協力して企画・運営をした。2回目の昨年9月29日には、高校生300名と外部から500名が集った。

なまこ塀の蔵の前をステージに、MDPの人形劇や紙芝居、太鼓や篠笛、吹奏楽部のコンサートや地域のフラダンスなど丸一日パフォーマンスが続いた。蔵の中にはMDPの紙新聞・美作市プロモーションビデオや地域有志の俳句、短歌、書道などが展示さ

れた。

ブースもＭＤＰの成果物である。林野高校からは「自家発電システム体験」「食のテント（多国籍料理・黒豆つくね・獅子奮迅カレー）」「むかし遊びコーナー」、地域からは「染色ワークショップ」「フェアートレード商品販売」。近隣の勝間田高校からの出店もあり、50を超えるブースが軒を並べた。

「むかし倉敷ふれあい祭り」で実行委員長を務めた人見遵君は「地域の方と一緒に活動して仲を深められ、自分も地域に住む一人なのだと改めて感じられた」と話す。内面的変化について尋ねると「祭りが成功して、地域を今まで以上に好きになった。他の人にも地域を好きになってほしい。それには、楽しかったという感想ではなく、好きになったという感想をもってもらわなければならない。楽しかったというのは、少しの間しか覚えていないけれど、好きになれば一生覚えていてくれると思うから……」という答えが返ってきた。

12月にはＭＤＰのまとめとも言える実践報告会が行われた。ステージでのプレゼンテーションや演舞、ポスターセッションなどがあり、客席には地域の方も集まった。

●地域とともに

「健康」グループの食物・栄養チームの短期目標は「地域に根ざす食材を使った弁当作成」であった。12年度は地元の食材を使って「黒豆つくね」と「おからコロッケ」を考案し、湯郷温泉の女将や市内の飲食店店主ら15人に試食をしてもらい改良を加えた。

試食会に参加した、湯郷温泉女将の会の佐々木裕子会長は「コロッケが大きすぎたり、彩りに乏しかったりと改善すべき点はありましたが、工夫次第で商品化できそう。高校生はアイデアがいいね」と話す。一方、3年の平見ゆかさんは「様々な年代の方の声を聴き、改善点がわかりました。黒豆コロッケの形を丸型から小判型に改良し、ソースはとろっと感が出せるようにあんかけに改良しました。黒豆つくねの味は、材料の分量を変えたので、しょうが味やチーズ味がはっきりとわかるようになりました」と話し、次の目標は「美作の特産品を地域に広める」で、レシピ集の作成と弁当の販売を目指す。

地域の魅力研究チームは、地元の農業体験や「むかし倉敷ふれあい祭り」への参加をプランとする地域活性化観光プランニング「ええじゃろ田舎ライフ～旬を採る、食べる、売る～」で第4回全国高校生観光甲子園の特別賞・日本ヘルスツーリズム振興機構理事長賞を受賞した。高校生による、グリーンツーリズムを活用した地域活性化への挑戦は、旅行業関係者に大きな希望と映ったようだ。

教育グループの生徒がデアイ場でつながった講師は、都会からやって来た法政大学4年生の水柿大地さんだ。大学では中山間地における地域づくりを学んでいたが、現場感覚を求めて2年生で休学し、美作市地域おこし協力隊に加わった。美作に入ってからはひたすら上山・棚田の耕作放棄地再生に取り組んだ。3年間の協力隊としての任期は終わったが、協力隊任期後も棚田を守ろうと上山で活動している。耕作をする傍ら、高齢者の方々の生活の手伝いをし、作業の合間には依頼主の孫のように話し相手となっている。３年の松永葵さんは水柿さんとの交流を通して「自分たちで棚田を再生し、エネルギーを作り自家発電をしたり、伝統を受け継いだりと様々な行動を起こされていてすごいと思うし、興味があります。昔は出雲街道の宿場町として栄え、歴史がつまっている地域なのに、地元の人ですら当時の様子や仕組みなどを知らないというのは残念です」と話す。現在は上山に子どもが自然の中で遊び学べる施設を企画している。昨年ＭＤＰでかかわり、休日には木の伐採に訪れるという卒業生は、「ここに来るまで都会にばかり目がいっていたけど、地域で熱くなれるものを見つけたから、大学は都会に出るけど帰ってくるよ」という。

地元の自治会長は「林野高校生が地域を盛り上げてくれているぶん、わたしらも生徒を育てようという態勢でいる」という言葉の通り、文化祭のクラス対抗の寸劇のエキストラに、暑い中、参加したという。

――取材を終えて――

ＭＤＰの活動での変化を、「見慣れた景色のはずなのに、はじめて見える景色がそこにあった」と話す高校生。新たな気づきが活動の原動力となっていた。

市立
札幌大通
高等学校

共に生きる

（2013年11月号）

総合学習を教科学習や行事の土台とした教科横断型の授業として、高校生が社会の一員として積極的に活動している定時制高校を紹介する。市立札幌大通高校は普通科の定時制高校で、午前部、午後部、夜間部の３部制で単位制を導入している。市立高校の四つの定時制を統合し、２００８年４月に開校した。札幌駅に程近い大通り公園の北側、北大植物園の西側にある。新築5階建ての校舎には、眺望のよいラウンジ、４つのＰＣ教室、食堂、オープンスペースの職員室など最新の設備が整う。

生徒数は約１１２０名、10代の生徒に交じって70代の大人も学ぶ。外国籍の生徒も受け入れている。教職員90名余りに加え、外部からスクールカウンセラー2名、キャリアカウンセラー6名が派遣されるなど、相談、支援体制も充実している。単位制なので、学校設定科目も含めると、開講科目はおよそ１００講座。学校設定科目の中には、生涯学習施設主催の市民講座もあり、希望する生徒は市民と一緒に学ぶ。「大学みたいな高校」と話すのは3年の木村富士子さん。

「時間割も違うし、他年次の人と一緒に授業をします。制服や校則、チャイムもないので自由であると同時に自己管理をしなければならないということを感じます」

総合学習（DORI time）

「ＤＯＲＩ」の名称は、Develop（発達）、Originality（独創性）、Recognize（認識）、Identity（自立）の頭文字を取って名付けられた。

日本の若者は、他国との比較で自己肯定感が低いとされるが、同校も例外ではない。様々な事情を抱えて入学してくる生徒が多く、他人からどう見られているのか、周囲の様子をうかがいながら高校生活をスタートさせる。約４分の１にあたる生徒は、長期休学や進路変更による中退になっていく。こうした生徒の状況を踏まえて、総合学習（DORI time）は、１・２年次で２単位ずつ、３年次で１単位の合計５単位を履修し、自己理解に基づくキャリア発達を促す取組を行っている。年次を重ねるごとに、自己との関わり→地域（仕事）との関わり→他者との関わり、と少しずつ関係性を広げ、「自立した社会人」を目指す。全年次を貫く主な取組として、自分を大切にし、他人を尊重できるようになることを目標とする「いのちの学習」、体験を通して自分の適性や将来の目標を考える「進路探究学習」がある。

「いのちの学習」は、１年次では「コーピング・リレーション」が中心となる。認知行動心理学の考え方を取り入れ、「認知」の広げ方、問題解決のコツ、コミュニケーションスタイルの見直しなどを行う。生徒は、設定された場面で「自分ならこうする」ということを考える。それぞれが意見を出し合うことで、自分の認知と他の人の認知に差があることに気づく。回を重ねる中でお互いの違いを認め合ったり、発想の仕方を変えたりすることを学んでいく。保健主事の坪内宣教諭は「生徒同士、生徒と教職員の人間関係ができ、生徒の居場所が学校に出来てくる」と言う。「他の高校にはないユニークさがある。学んだことを実践してみたい」と話すのは14歳の時にフィリピンから来日したアエラ・フランコさん。3月にはESD国際交流プログラムに参加し、パリのユネスコ本部で同校の多文化理解活動について発表した。

「進路探究学習」は、1年次の「ソクラテスミーティング」からスタートする。外部講師1人を10人ほどの生徒が輪になって囲み、対話し、仕事や人生について考える。講師には、地元の市議会議員や声優、会社社長、整体師など様々な職業や経歴の方を延べ30名ほど招き、それぞれ人生の浮き沈みを折れ線グラフにしながら、どうやって生きてきたのか話してもらう。生徒は様々な職業や人生体験に触れ、自分を見つめ直す機会となる。その後、実体験として校外でのボランティア活動に参加し、より実社会への関心が高まる。

2年次には、全員が3日以上のインターンシップとしてホテル・病院・理容室などの企業や、大通高校ショップの販売員などを体験する。イベントの裏方として職場体験をした4年の西浦圭輝君は、「新鮮な体験で仕事をすることが楽しいと感じた。記憶に深く刻まれた」と話す。また、「ピア・サポート」プログラムとして、ＮＰＯ団体が集めた大学や専門学校の学生サポーターによる「カタリバ」の時間があり、サポーターの「お兄さん・お姉さん」が高校時代に抱えていた悩みと進路選択の経験を聞く。３・４年次には、進路目標を具体化するために、体験に基づきながら探究活動を行う。探究の成果は、12月の「プレゼンテーション大会」で発表し、年次を超えた「学び合い」となっている。

こうした活動を経験しても、なかなか進路が明確にならない生徒には、キャリアカウンセラーが関わり、進路を考えられない原因を明らかにして、前向きに進路を考えることのできる手助けをする。キャリアカンセラーの山名徹さんは「生徒の困難の糸を解いていくと、自然に話しをしに来てくれるようになります。身近な誰かに相談することができるようになる点が、進歩なんです」という。

キャリア発達を促す体験機会の充実は、生徒の動機づけ、受け入れ先との相互理解、授業との両立など、課題も多い。現在もプログラムの改良が図られている。例えば、どんな生徒も安心して職場体験に臨めるような場を日常的に設ける、「学校に隣接した場所で『軒先ショップ』の営業をする」など、斬新なアイデアも検討されている。

教科の枠を超えたミツバチプロジェクト

DORI timeで取り組んできた、生徒の経験値を高める体験重視の姿勢は、教科活動にも波及効

動物の生態）ではミツバチの観察、
果を広げている。昨年度から始まった教科横断型の「ミツバチプロジェクト」は、その典型的な事例である。自然や生態系への理解を深めることと、ミツバチを教材として各教科で体験活動を行い、社会参画をすることをねらいとする。現在校舎5階の屋上には約2万匹が飼育されている。採蜜、商品開発や販売・宣伝までを理科・英語科など5つの教科で横断的に行っている。

理科（学校設定科目：動物の生態）ではミツバチの観察、飼育を通して生物の生態について学ぶ。内検という、蜂の巣の状態や異常をチェックする作業を定期的に行い、採蜜も行う。授業開始時には蜂に近づくのを怖がる生徒もいたが、ミツバチの生態を学ぶにつれて、蜂との関わり方や安全な採蜜の方法を学び、全員が内検を行うことができた。昨年4月に初めてミツバチを購入、女王蜂が群に入っていなかったなど様々な問題が発生したが、最終的には9回の採蜜で143リットルのハチミツを採ることができた。蜜蝋を使用した蜜蝋クリームの作成にも挑戦した。

家庭科では、フードデザインでハチミツを使った商品開発を行った。地元の調理専門学校でアドバイスを受けながら、マカロンを商品化した。マカロンは4種類で、中にはさんだ

ハチミツを使ったバタークリームが味を引き立てている。販売用にマカロンの袋詰めやハチミツの瓶詰めも行った。発達と保育では、同じ校舎に併設されている札幌市立中央幼稚園の園児と交流し、ハチミツを使ったホットケーキ作りや、ハチミツを通して食育について体験的に学んだ。池上由紀子園長は「園児は高校生に優しくしてもらい、安心感を得ています。一方、高校生の中には、はじめは接し方がわからず遠巻きにしている生徒も見られますが、他の生徒の接し方を見て、表情が柔らかくなってきます。双方の心が通じあっていくのを感じます」と話す。

芸術科（書道Ⅰ）ではハチミツの商品名を考え、それを筆で書いて、デザインの一部にした。出来上がった82点のパッケージデザインは学園祭で展示され、投票の結果「天然蜜食べ隊」に決まった。

英語科では、外国人向け商品パンフレットの作成をし、「ミツバチの可能性」という題名の発表を英語で行った。

商業科（総合実践）ではオリジナル商品の開発と、商品開発に関わる企業との交渉や、大通公園のイベントで販売活動をする上でのマーケティング活動に力を入れた。販売準備からすべての業務が生徒に任される。３部制単位制のため放課後はない。準備の進捗状況は授業の時間と生徒間のメールで行われる。

８月に行われたインベント「食の祭典」では４名の生徒が販売をした。商品についての基礎知識を話せるように練習したという3年の浜田真由さんは「どう伝えれば良さをわかってもらえるか考えるのも楽しい。大きな声も出るようになりました」と話す。家族連れが足を止めて次々と購入していた。

また9月には、100万人を集客した北海道の秋の収穫祭「オータムフェスト」で販売をした。DORI timeで育んだ経験が生徒のキャリア発達を促し、「自立した社会人」への一歩を踏み出させている。

地域との関わりの中で育つ生徒

DORI timeやミツバチプロジェクトなど大通高校の活動は、生徒会外局の「メディア局」が広報を担当する。市内の地域FM局「さっぽろ村ラジオ」で毎週土曜日の午後4時から5時まで、生放送が行われている。この取組は、開校して間もない大通高校の様子を、より多くの方々に知ってもらいたいと始められた。ソクラテスミーティングなどのイベントが話題の中心になるが、日頃の授業や定期試験の話なども盛り込まれる。

局員で4年の宮永春希君は、番組制作に関わり、放送中はミキサーを担当しながらトークにも加わった。中学生の頃は、特に理由はないが学校から足が遠のいたことがあると振り返る。「外部の人や新入生から、FM放送を聞いていたことを伝えられ、うれしさと影響力を感じた。人に伝えることの楽しさと責任を感じるようになり、自己肯定感が持てるようになった」と話す。現在はマスコミへの就職を目指し、大学進学に向けて受験勉強中だ。4年の渋田佳菜子さんはレポーターを務めた。ゲストに20の質問をするコーナーには、ソクラテスミーティングの講師や同校教員らを招いた。「ゲストの人となりを明らかにしていくので、質問を考えることや、仲間と打ち合わせをする時間が楽しかったです。大通高校では、生徒を評価する基準が多様で、生徒一人一人の個性を尊重してくれます。自分が自分らしくいられます」。元気で笑いの絶えない放送は、若さにあふれ、エネルギーを感じることができた。

現在、同校ではこれらの取組を活かし、学校・家庭と地域がより一体となった教育活動を進めようと、市教委からコミュニティ・スクール導入の研究委託を受けている。

研究コーディネーターの蒲生崇之教諭は「学校、地域が協力して、実体験を通して学び、生徒が輝ける瞬間をより多くつくっていきたい」と話してくれた。

兵庫県立
村岡
高等学校

「地域探究」で地域を学び、活性化を図る

（2014年3月号）

総合的な学習の時間（以下、総合学習）を核として、地域に学び、地域と協働し、地域になくてはならない高校を目指している兵庫県立村岡高校を紹介する。村岡高校が立地する兵庫県北部の美方郡香美町村岡区は、山陰海岸ジオパークに含まれ、近畿地方屈指の豪雪地帯であり、少子高齢化が進行している地域である。同高は、2・3年生が2クラス、1年生が1クラス、全校生徒数146名の全日制普通科高校である。

2011年度から「地域創造類型」が設置され、総合学習に加えて学校設定科目である「地域探究」で地域の活性化策を考え未来の故郷を担う高校生を育んでいる。

村高発　地域元気化プロジェクト

総合学習は「村高発地域元気化プロジェクト」と名付けられ、3学年縦割りで「舞踏」「吹奏楽

団」「郷土料理」「クリーン隊」「地域福祉」の5グループに分かれて行う。

「地域福祉」グループは、1月14日に選択者21名が香美町役場を訪問し、福祉の視点からよりよい町づくりを目指そうと、1年間地域福祉について学び、調査し、考えたことを「高校生の町政に対する提言」として報告した。

このグループは、2013年4月から社会福祉協議会と連携して、香美町と養父市の高齢化の現状や認知症など社会福祉の実態について学び、地域での車いす体験、高齢者体験、アイマスク体験などを行った。

9月からは、高齢者の日常生活の大変さを実感した経験をもとに、高齢者福祉の向上に貢献したいと、高齢化率50・9％の高坂地区など町内の限界集落4地区に出かけ、集落を実際に歩いて地理的特徴を把握するとともに、地区のお年寄りから聴き取り調査を実施した〈写真〉。

生徒は日々の生活で困っていることなどについて質問し、お年寄りからは「雪が多く除雪が行き届いていない」「道が狭くて救急車が通れない」「病院までのバスが診察時間に合わない」などの回答を得た。

地区の現状と課題を明確にした後、国内諸地域の取組を調査し、香美町でもできる取組をまとめ、この日、香美町役場で香美町長、町議

会議長などを前に班ごとに報告と提言を行った。

現状報告の中で、地区の良い点として、「地域全体の結束力が強く、近所付き合いや老人会が活発であること」「伝統的な祭りや行事が残っていること」が挙げられた。

一方、問題点として、「交通手段が少ないこと」「除雪のような力仕事が困難であること」「配食サービスをしてほしいこと」などが挙げられた。

これらの現状に対して生徒たちから「交通手段の確保のためスクールバスの活用やデマンドバスの導入」「雪下ろしなどの力仕事に対応するボランティア人員の募集と雪にちなんだイベント開催による地域の活性化」「給食センターの高齢者向け配食サービスの検討」が提言された。

この提言に対して浜上勇人町長は「高校生だけでよく調べられている。町でも考えていることだが課題については現実を踏まえて、できるところから変えていきたい。公共交通については4月から順次改善していく」と答えた。

発表した2年の古家優佳さんは「役場で町長や議長の前での発表は大変緊張しましたが、提案が町の行政に生かされたらうれしいです。いい経験になりました」と話した。

独り暮らし12世帯のお年寄りに話を聞いた2年の今井伸弥君は、「高齢化の問題は想定していた以上でした。これまで若い人は便利なところに出てしまっていた。故郷を魅力ある町にする活動を続けていきたい。私たちがやらないと」と話す。冬場は、1メートルを超える雪の除雪作業にも加わる予定だ。同高の卒業生で村岡社会福祉協議会の瀬戸浦初美さんは「後輩が地域の方に頼りにされ、頑張っているのがうれしい」と話す。

担当の原田和明教諭は「生徒は言葉がけが増え、必ず『ありがとう』などと感謝を伝えられるようになった。地域に関わる態度も変わり、自ら行動しようとする前向きな気持ちを持てるようになった」と話す。

「郷土料理」グループは、地域の食材を使った食品開発に取り組んでいる。

4月には近隣の香住高校海洋科学科から教員を招き、食品加工と食品開発についての講義や実習を行った。また、地元の料理グループの講師の指導のもと、地元の山菜を使った料理や「イワシの南蛮煮」などの実習を行い、郷土の食材や伝統的な料理を学んだ。

9月以降は地元の食材を使った料理開発のため、全国の郷土料理を調べ、いかにして村岡地区に応用できるかを検討した。その結果、地元の鹿肉を使った「鹿肉カレー」「鹿肉のトマトソース煮」の試作、試食を行い、後述する10月の村高フォーラムでは、「鹿肉のトマトソース煮」と「鹿肉の味噌焼き肉」(民間企業にて既開発)を実演、参加者に試食してもらった。3学期には、本格的に食品開発に取り組み、将来は村岡の郷土料理の新レシピを全国に広めたいと考えている。

地域イベントに全校生徒で参加

総合学習では積極的に地域のイベントに参加している。企画段階から参画し、地域の人と一緒に活動することにより、故郷を体験的に知る場となっている。

6月には激しい山岳コースを駆け抜ける小代区の「みかた残酷マラソン」、9月には100キロを走る村岡区の「村岡ダブルフルウルトラランニング」が開催される。県内外から、それぞれ約2600人、約1600人のランナーが集まる。どちらも過酷なレースだが、高校生の運営参画によって、地域も参加者も元気にする画期的な大会になったという。

休憩所ではそうめんの提供、給水所では塩や飴、水の提供、ゴールではゴール係や救護係などを担当した。

これらの大会で、総合学習の「舞踏」グループはコースの途中で勇壮な南中ソーランを披露し、「吹奏楽」グループは応援演奏でランナーを元気づけ、たいへん好評であった。

みかた残酷マラソン実行委員長の久保井洋次さんは「高校生は、私たちが期待した以上のことを考えて行動してくれた。ランナーからは『高校生の笑顔あふれる応援が、ありがたかった』『感激した』という声が多かった。『最善のもてなし』とも言われた。町の人や大会を運営している人の、故郷への思いを高校生に伝えていきたい」と語っている。

通年で行っているのは、朝のあいさつ運動である。地域の小中学校と連携して、小学校の校門前で声かけをする。時には村岡高校のゆるキャラ「むーたん、おーたん」の着ぐるみを着て小学校の前に立つこともある。

この他、幼稚園児対象のバルーンアート教室、小学生への金管バンドの指導、中学生とのバレーボール、バスケットボール、卓球の合同練習のほか、障害のある子どもたちへのソーラン指導などで、地域との交流を深めている。

香美町教育委員会の森脇俊晴教育長は「地域行事に子どもが参加しづらい時期があった。しかし、村岡高校では生徒に使命感を持たせ、地域に密着した取組をはじめた。大きな変化を感じる。イベントスタッフとして参加する高校生の行動力は、すでに地域の担い手だ。小中学生の見本にもなっている。地域の大人も頼りにしている」と話す。

10月には、地域と連携した教育活動の在り方を考える「村高フォーラム」を開催し、在校生、地域住民、県内外の高校生約250人が参加した。総合学習の発表、ポスターセッション、地域創造類型の研究発表、他県の高校生との交流会のほか、高校生が地域で果たせる役割についてパネルディスカッションも行った。

学校独自の「地域探究」

普通科の中の地域創造類型は、生徒が故郷を知るだけでなく、地域の活性化策を考え、将来の故郷を担う若者の育成を目指している。

学校設定科目「地域探究」は各学年に1単位で、1年生では地域講師の講演や体験活動を通して地域を学び、探究するテーマを決める。2年生ではテーマに合わせて、大学の講師などに専門的な講義を受け、アンケートや調査などに取り組む。3年生では研究成果をまとめて、地域に向けて発表する。

現3年生は町内の地域を盛り上げている人を紹介しようと、「香美町人物図鑑」を作成した。生徒は3名1組で取材・写真撮影を行い、紹介文を書き、香美町の人らしさが伝わるような図鑑を目指した。

図鑑には、大学を卒業後、地元に戻り、空き家を利用して若者が集う「恩返しプロジェクト」をはじめた小谷さん、名物観光ガイドの西村さん、音楽バンドで地域に活力を呼ぼうとしている前垣さんなど21人の多彩な人が、プロフィールや活動内容、町に対する思いとともに写真入りで紹介されている。

3年生の邊見聖君はこの活動を通して地元の魅力を再確認した一人である。「高校入学時には、電車もなくバスも1時間に1本と不便な所で、面白くない田舎だと思っていた。でも、活動していくうちに、人の温かさ、食べ物のおいしさ、何より、地域のことを考えて頑張っている人がたくさんいることを知った。帰ってきて町おこしをしたい」。4月からは広島大学人文学部日本史専攻に進学する。大学では研究の仕方を学び、いずれは地域の歴史を究明したいと語る。

2年生は地域のスポーツイベントをテーマとし、より良い大会にするにはどうすればよいかを研究している。前述のマラソン大会で完走した4000人余りの参加者の約半数、2000人からアンケートの回答を得て集計作業に入っている。2年生の小西菜津美さんは「大会への感想や要望など11項目を尋ね、どうしたら参加者を増やせるかなど、データを分析しています。研究成果を期待してくれる人がいるので、その気持ちに応えたい」と話す。

1年生は、町内長須地区に60年前まであった射添紙と呼ばれる伝統的な和紙の復活に関わっている。コウゾを育てて紙漉する技術の復活と、地域活性化とをどのように結びつけるかを考えているところだという。

1年の山根一真君は「伝統的な紙漉を復活させ、長須地区の周辺地域も元気になるようなことを考え、残り2年で形にしたい」と意気込みを話してくれた。

今井一之教頭は「今年3月には地域創造類型の初めての卒業生がでます。昨年末までに、類型生徒の半数が国公立大学に進学を決めました。大学側も体験を通した探究の学びを評価してくれていると感じています」と語る。

同校では今年4月から、全国から新入生を募る「地域アウトドアスポーツ類型」が新設されることになっており、過疎地では異例のクラス増となった。類型の中には、現在の「地域創造類型」を引き継ぐ「地域創造系」と、地域の自然を生かしたアウトドアスポーツ体験とスポーツ理論を学ぶ「アウトドアスポーツ系」とが設置される。

「小規模高校のモデル校」を目指す同高の、これからの取組と成果が期待される。

大阪府
教育センター
附属
高等学校

演劇創作などで発想と協同を育む「探究ナビ」

（2014年9月号）

大阪府のナビゲーションスクールとして、２０１１年に全国初の教育センター附属高校として開校し、この春１期生を送り出した、大阪府教育センター附属高校を紹介する。

同校は地下鉄御堂筋線のあびこ駅から徒歩15分、大阪市住吉区の東部に位置し、大阪府教育センターに隣接する、全校生徒数７４２名の普通科高校である。

授業には、高校の教員に加えて教育センターの指導主事も加わる。電子黒板やタブレット型端末などのＩＣＴ機器を活用した授業や、口径50センチの天体望遠鏡を利用した授業も行う。また、外部機関との連携も活発で、韓国の高校との姉妹校交流、宇宙航空研究開発機構（ＪＡＸＡ）、地域の大学、博物館・科学館などと、幅広い連携授業が行われる。

教育課程の特色の中核は、総合的な学習の時間とＬＨＲを代替して行う、学校設定科目「探究ナビ」である。同校は２０１０年８月に、文部科学省より、教育課程特例校の指定を受けた。「探究ナビ」は、人文、社会、自然等の各分野を融合した単元で構成した科目で、知識・技能を活用する力、課題を探究する力、協同的に取り組む態度などを育成し、進路の実現を図ることをめざす。各学年3単位で、課題研究や、話し合い、発表など、生徒の能動的な学習を取り入れたアクティブ・ラーニングを中心に展開する。

人とつながる

1年生の「探究ナビⅠ」は、コミュニケーション能力を育むために、「聴く力」「調べる力」「伝える力」「協働する力」の向上を図る、工夫された単元構成だ。

1学期のはじめての班活動は、自分の隣に座った人の自己紹介を聴いて、後で他のメンバーに紹介する、友達紹介のワークを行う。続いて、ブレーンストーミングについて学び、実践をする。例えば、なぞかけを題材に□の部分に思いついた言葉を次々と当てはめていく。クラス発表には「部活」とかけて「オリンピック」ととく、そのこころは、どちらも「せいか」があるでしょう」などがあった。

次の授業は、班での合意形成実習として「月で遭難」を行い、協力することの大切さを実感する。その後、震災や仕事に関する調べ学習を行い、ポスターにまとめてクラス発表や学年発表を行う。

2学期は商品開発プロジェクトを行う。「理想のケータイを開発しよう」というテーマで、まずはKJ法を行う。付箋を使ってケータイの「困ったところ」と、「あったらいいと思うところ」をあげ、両者を整理して項目ごとに題を付け、クラスで各班のアイデアを共有する。

中間発表は、書画カメラとプロジェクターで「図」をスクリーンに映して発表を行う。NTTドコモの社員の方や、生徒同士で批評し合い、さらにアイデアを改善する。その後、最終発表に臨む。

「夜空を身近に感じられるよう、星をくっきり写せる高機能カメラを搭載したらどうか」を発表した班が多くの支持を得た。

11月には「ちくちく言葉・ふわふわ言葉」のワークを行う。自分が聞いて「嫌になる言葉」「うれしくなる言葉」を1人が3つ書き、クラス全員の書いた言葉を黒板に書き出す。それぞれの言葉を9つずつ選び、ダイヤモンドランキングで順位付けをする。

この取組が1年生の探究ナビの中で一番印象に残っているというのは、2年生の豊田優美香さん。「かわいい」というのが好きな言葉のランキング上位になったが、自身としては、お世辞に聞こえて、いい気持ちがしない言葉だ。「かっこいい」を同じように受け取る男子もいた。豊田さん

は「人によって言葉の感じ方が違うことを知り、発言する前に止まって考えるようになった。相手の気持ちを考えて話すようになると、班での話がまとまりやすい」という。この体験を、今は野球部のマネジャーとして、将来は医療事務の仕事に就いて生かしたいと考えている。

2学期後半からは演劇的手法を使って表現する方法を学ぶ。はじめに劇団の即興演劇の鑑賞をし、コミュニケーションゲームをした後、ランダムに班分けをする。各班ではテーマを決め、登場人物、場所などを話し合いながら芝居のプロットを考え、台本を作る。放課後などにも立ち稽古をし、小道具を用意してクラスの前で演じる。クラス代表は教育センターの大ホールで最終発表会を行い、劇団員の外部講師からも講評してもらう。

2年生の近藤一輝君の班は、就職試験に落ちた主人公が、立ち直るまでを描いたストーリーにした。あらすじは決まっているが、台詞は即興である。「お互いの意見を出し合って、高めあうことができた。積極的にアドリブで話ができるようにもなった。プレゼン力やリーダー力をさらに磨きたい」と話す。

学年主任の菰口修教諭は「自主的に生き生きと活動している。教科の授業でも発表に工夫が見られ、グループワークもうまくなった。ポンとはじけて自分を出せるそんな機会が与えられたのかな」と感想を語る。

演劇活動終了後の生徒の自由記述アンケートからは、シナリオづくりの過程で、班内に様々な軋轢が生じ、配役の決定や進まない脚本、活性化しない話し合い、そんな中、発表の日時だけが迫ってくることへの焦りなどの記述があった。生徒にとっては、相当の負荷もあり、楽しいだけの授業ではないようだ。しかし、多くの生徒が、アンケートの最後に「～だったけど、やってよかった」「～の力が身に付いた」など肯定的な記述をしており、困難や課題を乗り越えながら成長している様子や、最後には達成感・成就感を味わっていることが読み取れる。

演劇の授業は海外では教科として行われているが、国内での事例は少なかった。先進校への視察を重ね、大阪大学の蓮行特任講師、プロの演劇人など、専門家にも企画委員としてプログラムの作成に加わってもらった。演劇活動は、良好なコミュニケーション活動を図るため、自分の役割、相手との関係の取り方、ストーリー展開、それらをお互いに討議し、意見を摺り合わせながら一つにまとめていくのに効果的だと教員間の共通理解が生まれた。

導入時から関わる、教育センターの岡本真澄主任指導主事は、「演劇を経験した後にどのような力が身に付くのかを、現在、評価方法も含め、研究しているところです。もしかしたら、結果が出るのは社会人になってからかもしれない。多くの人の中で生きていく時、『あの経験がきっかけだった』と思ってもらえることがあるとうれしい」と話す。

知識を社会と結びつける

2年生の「探究ナビⅡ」は1年生で培ったコミュニケーション能力を基に、校外の様々な人と交流することで、さらに社会とつながることをめざす。

iPadで発表する方法やインタビューの手法を学んでから、校内の先生方にインタビューをして、先生方を紹介するパワーポイントを作って発表をする。

また、住吉区役所や住吉区社会福祉協議会の協力のもと、防災、歴史・文化などの分野に分かれて、講演と街歩きワークショップを行い、地域を実際に見学する。

歴史・文化フィールドワークでは、神社や大阪市立我孫子南中学校の敷地内にある、石器時代のナウマン象の足跡などを見学した。高校生は興味津々で、多くの質問をした。講師のすみよし歴史案内人の会の吉田進さんは、「広範囲の地域から通って来ている高校生だからこそ、高校のある地域にも愛着をもってもらいたい」と話す。

これまでに実施したインタビュー実習や街歩きワークショップを発展させて「あびこの街を考える」という取組を行う。テーマは「歴史・文化」「防災」「子育て」「高齢者・障がい者」「地域課題」の5分野から選び、校外で、アンケートやインタビュー調査を行う。iPadを利用して写真や動画の撮影も行い、調査結果を分析・考察して発表する。まとめとして、あびこの街に対する提言を発表するというものだ。

3年の大和涼太君の班では、子どもの遊び場の確保について調べた。声を掛けても「忙しいから」と、通りすぎてしまう人もいてインタビューの難しさを感じた。しかし、どうにか通行人や商店の方へインタビューをすることができた。「話し合うことでみんなと仲良くなれた。何度も発表をして、分かりやすく説明することを学んだ。教えることが面白くなり、教師になりたいと思うようになった」と学習に対する意欲も上がり、試験の点数も伸びた。1年生の一泊二日の勉強合宿にはアシスタントティーチャーとして参加する。

最優秀班は、住吉区役所主催の「すみよしの魅力再発見フォーラム」で発表した。区役所教育文化課の松永貴美さんは、「住吉だけでなく、これから接するであろう地域に自分自身の視点をもって接してほしい」と話す。

代表は、地域の「大依羅神社」について調べ、御祭神やその由緒、行事などをA４判両面写真入りのパンフレットにまとめた班だ。校外で「『大依羅』を何と読みますか」という質問を行い、ほとんどの人が『おおよさみ』と読めなかったことや、インタビューで知った神社の魅力が、観客参加型の発表で興味を惹いた。発表した3年生の日岡さなさんは、「大学生や大学教授の中に混じっての発表は緊張したが、班員みんなが発表できるようになった。発表後に感想を言ってもらえると、大きな力になる」と話す。部活動の茶道部と美術部の有志で参加した「堺の国際文化発表会」でも、探究ナビの経験を生かすことができ、最優秀のフランシスコザビエル賞を受賞することができた。調査したのは「世界と堺をつなぐ」と題した、南蛮貿易のこと。「資料の裏付けの正確さや、演劇的手法を織り交ぜた発表方法が最優秀賞の決め手だったのでは」と振り返る。

自己の進路を切り開く、課題研究

3年生の「探究ナビⅢ」は、総まとめとして班で興味のある題材を選び、課題探究を行う。テーマは、東京オリンピック、防災、犯罪防止などのタイムリーなものから、ラーメン、大和川高校の歴史などローカルなものまである。情報収集の方法も現地でのアンケートや取材、博物館や図書館での資料収集、実験・観察など多様である。1月の最終発表会も、iPadやPCを駆使した発表や、演劇的手法を用いた発表など多様であった。

1期生で現在大阪府医師会看護専門学校1年の元泉美さんは課題研究で「探究ナビ」について調べ、1期生全員にアンケートを行った。大多数が、探究ナビがあってよかったと答えた。「タイプの違う人もいたけれど、相手の気持ちや意見を否定せずに、話し合いを持ち、理解した上で意思決定することができるようになりました。今の生活に生かされています」。中学校時代は、人前で話すことなど考えられなかった元さんだが、探究の授業を経験して、どんな場面でも、堂々と話せるようになったと後輩の前でも話をした。

恩知理加教頭は、「生徒自身が『探究』の学びを実感していることが何よりすばらしい。具体的に生徒が最も力を付けたと感じるのは『自分から進んで取り組む力』『自分の考えを分かりやすく整理して、相手に伝える力』『学校で学んだことや体験したことを自分の生活やまわりの人たちの仕事に結び付けて考える力』の3つの力です」と話す。

秋田市立
秋田商業
高等学校

商品を通して人づくりを総合学習「ビジネス実践」

（2014年10月号）

学校全体を会社組織に見立て、商品開発・販売、地域貢献活動を、総合学習で行っている、秋田市立秋田商業高校を紹介する。

同校は、秋田県で唯一の商業高校で創立94年の伝統校である。部活動が盛んで今年の全国高校総体でもレスリング競技で優勝した。1年次は全員共通の科目を履修し、2年次より会計、流通経済、情報の3コースに分かれて、専門性を深化させる。1学年6クラス、全校生徒数720名の高校である。総合学習は「ビジネス実践」という名称で、各学年1単位で行い、3年間を通して社会人基礎力を身に付けることをねらいとしている。

商業教育は知識と技術の習得が中心で、農業科や工業科のように、学習の成果として形になって見えるものがないなどの課題があった。そこで、生徒の日頃の学習が体験活動と結びつき、地域の方々と協同での活動が行える方法を模索して、2002年度から始まった。全校生徒と職員が、AKISHOP、エコロジカルビジネス、キッズビジネスタウンという3つの部門に分かれて活動をする。２・３年生は縦割りで、興味関心に応じて希望する活動に所属する。本年度はＡＫＩＳＨＯＰ４２０名、キッズビジネスタウン40名（1年生２４０名）、エコロジカルビジネス20名である。

ビジネス実践基礎講座（1年生）

1年生は、商業科目のビジネス基礎の内容と連動させながら、前半は探究のスキルを学び、後半はキッズビジネスタウンの運営に加わり、上級生を手本にビジネスを学ぶ。２０１４年度1学期は、地域の現状や産業、特産物について6名の外部講師やＯＢ、2年生の先輩から講義を受けた。これらを参考にして、6名ほどの班に分かれて、商品開発の案を考えた。商品のターゲット、イメージを商品案として発表する。枝豆でラーメンを作る「えだまーめん」や枝豆のババロア「まめろあ」などの提案があった。高校生は頭の中に浮かんだ案を少しずつ形にしていった。

実践の場としての「ＡＫＩＳＨＯＰ」

菓子や惣菜などのオリジナル商品を開発し販売する「ＡＫＩＳＨＯＰ」。２０１３年までの3年間は11月の日曜日に、秋田港にそびえるポートタワー・セリオンの催事場で行った。体育館3個分くらいの広さに、蒲焼きおにぎり、あきしょーたんたんめん、ＡＫＩ蜜プリン、秋商サブレ、落ち菓かりんとうなど、30を超えるブースが並ぶ。地域住民からは「手作り感があり、好感が持てる」と3000人余りが来場した。全体の総括企画を「AKISHOP本部」と名付け、その下部に商品開発に関わる「開発課」と、地域の魅力を発見する「地域貢献課」が組織される。

❶AKISHOP本部

AKISHOP本部は、生徒会の20名の生徒がメンバーとなり、外部企業への連携の打診と依頼、会場との打ち合わせなど、全体の運営を一手に引き受ける。

本部と班の両方に所属して橋渡しの仕事をする、マネジャーで3年の齋藤明日香さんは「運営で気を付けているのは人間関係。連絡ミスで周囲に迷惑をかけたことがあります。連携企業の方に『誰でも失敗はある。これをバネに頑張って』と声をかけていただき、前に進めました」という。最近、後輩から同じような失敗をしたと相談され、前年の自分が蘇った。「商品開発で地域の役に立ち、大学卒業後企画運営の仕事がしたい」と話す。

❷オリジナル商品の開発課

開発課は惣菜4班、菓子4班、土産2班が地域の特産品を使ってオリジナルの商品開発をする。

商品開発の流れは、商品企画→企業交渉→試作品作成→販売計画→ＡＫＩＳＨＯＰ実施→振り返り→活動報告である。班は経験のある３年生をリーダーに構成される。

商品企画は、まず消費者であるターゲットの絞り込みと地元の食材の生かし方を考える。インターネットで既存の資料を検索したり、商店街でアンケートを取ったりして市場調査を行う。これらを分析して、商品のイメージやアピールポイントを確定する。開発商品の企画書を完成させ、企画検討会に臨む。

今年度の企業交渉（企画検討会）は7月に行われ、菓子製造業や食品製造業15社の企業担当者が来校した。12班の生徒は企業ごとのブースに商品イメージを書いた絵や、生徒自身が作った試作品を持って、プレゼンを行い、商品の価値をアピールした。

企業担当者は、商品が面白そうだと感じた班には交渉券を渡す。交渉券をもらえた班は、企業訪問をして打ち合わせをしたり、電話やＦＡＸで連絡を取ったりしながら、何度か試作品を作り直し、オリジナル商品を製作する。販売価格、販売個数、商品の引き取り方法や時間などを綿密に打ち合わせる。

「初恋えだまめクッキー」を提案した班は、４社からのオファーがあった。形や味を変えて、何種類もの商品を作ることができた。

一方、残念ながら交渉券をもらえなかった班もあり、ビジネスの厳しさも学ぶ。購買層のターゲットの絞り込みや、使用する果物の旬の時期や原価の問題を克服できなかったからだとの指摘があった。班員で励まし合い、再度企業交渉をして連携企業を探す。

ＡＫＩＳＨＯＰ当日は、呼び込み、商品の説明、販売を行い、活動後は会計処理を行い、本部に損益計算書と貸借対照表や領収書を提出する。活動報告は最終報告会で行う。

昨年一番早く完売した「たんかバーガー」は、パンの中に秋田名産比内地鶏入りの汁なしラーメンをはさんだ商品。３年の傳野裕大君は、「斬新と思われる商品でしたが、準備期間が半年以上あり、じっくり取り組めた。商業科目の力試しでもあり、うまくいくとやりがいを感じる。地域の人も楽しみにしていてくれる大事な行事」と話す。

連携企業の菓子製造販売業、光月堂代表取締役の川口雅丈さんは10種類の企画商品に交渉権を出した。「これから試作品を作るのが楽しみ。商品化する頃には、本音の付き合いができるようになる。人間としての成長を見守り、本人にも気づいてもらえるよう関わりたい」。人気商品はＡＫＩＳＨＯＰ後も１００個単位で注文がくることがあるという。

秋田市商工部港湾貿易振興課は、２０１１年度から3年間、ＡＫＩＳＨＯＰの支援をしてきた。同課の本間弘生さんは「場の提供だけではなく、生徒の打ち合わせにも参加し、既存店舗とのコラボも実現できた。生徒たちの経験の積み重ねが運営面でもレベル向上につながっている」と感想を語る。

今年度の会場、秋田市民市場の竹内順さんは「秋商の生徒は、挨拶ができ、礼儀正しく、普段から市場の清掃活動にも参加してくれている。彼らのがんばりを新聞やテレビで紹介して、多くの人に知ってほしい」と話す。

❸地域貢献課

地域貢献課は、地域の魅力を再発見し観光プランを考える班や、空き店舗の有効利用を考える班などに分かれる。

一昨年、秋田市の６次産業化班では、他校と協力しコンビニ４社とパン製造企業にトマトのババロア「とまろあ」を提案した。連携先となったコンビニでは、２週間限定で販売し、東北地区の販売数ナンバー１商品となった。今年も、枝豆やトマトの生産地に足を運び、新商品のイメージを広げている。

持続可能な社会の構築について考える

エコロジカルビジネスでは、生態系保全と商業・経済活動を両立させ、持続可能な社会の構築について考え、地球的課題や国際連携に関する取組を行っている。同校はユネスコスクールでもあり、２０１０年度からは環境問題に関わる県内のＮＧＯ「ＲＡＳＩＣＡ」と連携して、海外へのスタディーツアーや外部講師による環境講座を行い、地球環境について体験的に学んでいる。

リサイクルチョークの作成や秋田杉の廃材から携帯用箸を作る活動、エコ双六の作成、家庭のエコ診断などの取組や、地域主催の河川敷清掃にもボランティアとして参加している。その後、体験して学んだことを、高校生自らが講師となって、小中学生や一般市民を対象に授業やワークショップを行っている。

これらの活動内容を編集した本が4冊出版されている。2012年度にはこれらの活動が総合的に評価され、環境省主催の地球温暖化防止活動環境大臣表彰を受賞している。

2013年度は廃棄タイヤからマットを作る取組を企業と連携して行った。担当の大堤直人教諭は「消極的だった生徒が、発表している姿に成長を感じる。大人と関わる体験活動の大切さを実感する」と話す。

小学生に金融教育を教える

キッズビジネスタウンは、子どもたちが市民となって働き、協力しながら模擬街を運営し、社会の仕組みを知る教育プログラムだ。仕事探し→就職→仕事→給料→納税→買い物という一連の流れを経験する。同校の校舎を利用して2日間行われ、毎年400名程の小学生が参加する。高校生は企画・運営を行い、一人一役で公共機関や商店を開設し、社長として子どもたちの先頭に立って働く。

はじめに、自分たちの開設する店舗をKJ法を使って出し合い、模擬社会全体のバランスを考えて店舗を決めていく。２０１４年は、公共機関として銀行や病院、飲食店としてカフェやラーメン店、サービス業として新聞社や写真館、製造業としてアロマ工房、はんこ工房などに決定した。各自担当する店舗が決まると、実際に公官庁や企業を訪問し、仕事の状況や商品の製造・販売について取材をする。

各店舗の社長は、小学生の仕事内容を決め、その詳細が分かるように求人票を作成する。また、当日必要な物品も用意する。当日は、子どもたちが仕事を体験したり、買い物客になったりと賑わい、「仕事が楽しい」「高校生が優しかった」などの感想を残した。

3年の保田駿君は、昨年は銀行を担当した。パソコンで預金通帳を作り、はんこを用意した。窓口・受付・預金などの業務を設定し、小学生に教えた。「小学生は元気で励まされる。見守る感じ。企業との交渉が一番勉強になった。地域や企業に支えられているので、いつかは地域に恩返ししたい」。今年度は税務署を担当する。就職活動も進めている。

総合学習コーディネーターの保坂徹教諭は、ビジネス実践を10年以上継続してきたことについて、「職員の共通理解ができていたことと、生徒が活動に意義を見つけ意欲を持っていること。そして、地域の協力があったから」と振り返る。「生徒たちは様々な壁にぶつかりながら、一つ一つ仲間たちと共に乗り越えて、そのことに楽しさを感じている。このような学習成果発表の機会があることに感謝しつつ、商業教育の内容と生徒の良さをもっとアピールしていきたいと思う」と話す。

金沢大学
人間社会学域
学校教育学類
附属高等学校

SGH指定と探究活動

（2014年12月号）

2014年4月から全国で56校が文部科学省のスーパーグローバルハイスクール（SGH）に指定された。総合学習での体験活動を伴う協同的な学びの中で、探究的に課題解決学習を行い、グローバル人材の育成を目指すSGH校も多い。今回は、20年前から総合学習を先駆的に実践し、SGH指定後は地域課題解決を手始めに、内容の深化を図る金沢大学人間社会学域学校教育学類附属高校を紹介する。

同校は金沢市の閑静な住宅街に建つ。独立自治の精神を育み、自主自立を掲げる伝統校。20年前からは生徒の強い要望で夏服が自由化された。1学年3クラス、全校生徒377人の普通科高校である。

地域から世界へ

「北陸からイノベーションで世界を変えるグローバルリーダーの育成」の構想名のもと、金沢大学の全面的なバックアップにより、①基礎的教養、②課題対応能力、③英語運用力、④グローバルマインド、⑤リーダーシップの育成を目指す。SGH研究開発の柱として4つの課題研究を実施する。これらの課題研究は総合学習の時間を用いて行い、2014年度入学生から総合学習の総単位数は1単位増え4単位となった。

1年生前期は、地域課題について探究し、解決策を提案する「地域課題研究」。後期は、台湾と日本の文化比較をする「異文化研究」を行い、3月に台湾現地学習を行う。連携校である台湾師範大学の学生と現地で共同調査も行う。2年生の「グローバル提案」では、環境、人口、衛生、経済、安全保障などのテーマの中から、模擬国際会議方式で解決策を提案する。最終プレゼンテーションは海外の高校生や金沢大学の留学生に向けて、英語で行う予定だ。3年生の「グローバル・キャリアパス」はスパイラルで積み重ねてきた学びの上に、グローバルリーダーとしての将来像を描き、到達するためのキャリアパスを構想する。

地域の人と社会が幸せになる方法

2014年度実施の「地域課題研究」を以降に記す。

①身近な問題（北陸新幹線開業）についてメリット・デメリットを出し合い、KJ法で分類してタイトルをつける。メリットを最大限にし、デメリットを最小限にする方策を各班5分でポスター

発表する。

②金沢大学人間社会研究域人間科学系の吉田国光准教授による課題発見のための講義。能登の現状を再認識し、課題解決学習は教科学習とは異なり、課題を自ら見つける必要があることを確認。具体的には、テーマの絞り込みが重要であり、フィールドスタディーに向けて、データの所在や調査の設計を学ぶ。

③上級生の発表ビデオを視聴し、発表のスタンダードを体得し、到達点の確認をする。

④「地域や人々を幸せにする方法を提案する」ことを目的に、地域の課題や問題点を洗い出し、地域振興策の具体例を探し、自分が取り組んでみたいテーマを絞る。

⑤各自のテーマをもとに、3名から5名のグループ分けを行い、以後、本格的に地域課題研究に入る。

テーマ確定後は、KJ法やマトリックス法により課題を整理し、班ごとに「現状の分析」「振興策の事例調査」「班の提案と具体例、予想される結果」をまとめる。調査はインターネットや文献に加えて、インタビューやアンケート調査、体験が必須で課される。

7月には一泊二日で能登への現地学習を実施した。地域活性化への取組を積極的に行っている人や組織を訪れた。1日目は、輪島塗の工房や漆器店、石川県農業総合研修センター、和菓子製造工場、IT関連企業など6コースに分かれて訪問取材。2日目午前中は、漁業、農業、林業の3コースで体験。昼からグループでまとめをし、肌で感じたことを研究テーマと絡めてポスター発表をした。

体験、グループワーク、最終提案にも参加した、農業生産法人ベジュールの後谷真弘さんは「高校生の提案が、最先端で考えているはずの私たちと同じで焦った。もっと違うことを考えていかなければと、強い刺激になった。質問も多く、農業に興味を持ってくれてうれしかった」と話す。

高校生にとっても、地域活性化に頑張っている人々に触れ、多角的にテーマが見えるようになり、探究の深化につながった。

公開研究会「地域課題研究」

10月4日には第1回SGH研究大会が開かれた。研究大会では、数学と英語のSGH化授業とともに、地域課題研究の授業が公開され、外部からも200名が参加した。地域課題研究は生徒発表20分と質疑応答10分が公開された。宮崎から参加した宮崎県立宮崎大宮高校の竹元賢一郎教諭は「プレゼンテーション能力や課題解決に向けての実行力、アイデアなど目を見はるものがある」と高く評価した。どの班も「苦労したのは情報を取捨選択すること」と、情報収集量の豊富さがうかがえた。

全学年で31の班が編成された。そのテーマは、「made in 石川のバーニャカウダで地産地消を推進しよう!」「医療タウンの形成で能登地域の医療を便利にしよう」「里山・里海国際シンポジウムをプロデュース」など多分野にわたる。

石川県の知名度を上げるためのキャラクターを地域振興に利用することを考えた班もある。キャラクター選びには、石川県にある6つのアニメキャラクターをアンケートで2つに絞った。県の公認キャラクターの「ひゃくまんさん」と萌えキャラの「たまひめちゃん」である。両者のメリット・デメリットを書き出し、比較して「たまひめちゃん」を使って全国に魅力を発信したいと考えた。

萌えキャラを利用した地域振興のパターンには、聖地巡礼型と地域主導型があると分析。先行事例として、聖地巡礼型は、アニメの舞台である埼玉県久喜市が観光客を集客した例。また、地域主導型は秋田米のパッケージに美少女あきたこまちを採用し、売り上げが12倍に増えた例を提示。

高校生は、石川の魅力満載の「たまひめちゃん」の生みの親であるデザイナーのほんだしょうこさんと、公式ブログの共同事業者(株)宝文堂を取材。現状を聞いた上でネットPR、動画サイトの開設、通販、コミケへの出店、アプリの開発などを提案した。

高校生の発案で、解決策提案後も、月1回の「たまひめちゃん運営定例会議」を行い、普段はLINE（無料通話アプリ）で連絡を取り合いながら活動を続ける。現在、高校生は、歴史に即し、豆知識を盛り込んだ観光情報のブログ更新を担当する。行政にもアプローチを始めた。

紅一点の村中ひなたさんは「大人の前で、緊張して思うような発言ができないこともあります。高校生でもできることがあり、地域に変化が現れます。使命感と喜びがあります」と述べ、この活動を継続したいと話す。清水貴心君は、「企業から任されたという責任感とやりがいが、地域見直しにも結びついた。石川県は合コンの発祥地だと知っていますか。面白いでしょ」と、楽しんで活動している様子が伝わってきた。

高校生から積極的にコンタクトを取ってきて驚いたという、宝文堂の内山裕樹さんは「力強く、頼もしい。高校生の目線を取り入れ、若者層にアピール域を広げたい。結果はこれからだが、若い世代が地域を盛り上げるのを期待する」と話す。また、ほんだしょうこさんは、「高校生との交流は初めて。礼儀正しくキラキラしている。高校生の意見や、やる気に応えたいと思い、私のモチベーションも上がる」と話し、高校生の分析力も高く評価する。

探究学習が総合的な人間力をつける

地域の祭りをテーマにした班もある。県内の祭りを調べると、金沢の百万石祭りが前田利家の偉業を称える祭りであるのに対し、能登の祭りは自然の恵みへの感謝の祭りであることが分かった。夏休みを使って大きな山車の出る能登の黒島天領祭に参加した。祭りの一員として法被(はっぴ)を着て、旗持ちとして市内を練り歩いた。炎天下で4メートル程の旗を持って歩くのは予想以上に疲れた。しかし、古い街並みを練り歩いていると、至るところで地域のおばあさんがいたわりの優しい言葉をかけてくれた。

祭りに参加した道上晴香さんは、「地域のつながりが強いのに驚いた。きれいな海が見える昔ながらの街並みの中で、祭りが生活の一部となっている」と、感動した体験を話す。

一方、現地調査からは近年子どもの減少で、祭りのために隣町から応援を頼んでいることも分かった。これらの体験を踏まえ、テーマも「能登の祭りを改善して観光客を増やそう」から、「祭りの参加者を増やして能登の祭りを保存・維持しよう」に変更した。自然と人、人と人とのつながりをそのまま伝えたいと、ドキュメンタリー映画を制作することを提案した。

身近な食文化をテーマに調査し、「アイスイーツで金沢の和菓子好きを増やそう!!」をテーマにした班は、現状把握として、日本三大菓子所の京都・金沢・松江の比較をした。その上で、金沢駅みやげもの商店街「あんと」の29店舗の和菓子店すべてに取材を申し込み、19店舗の回答を得た。金沢らしさは「甘みが強く、小さな店舗が多い」と分析。若者層にアピールするために、各店舗の「売れ筋」名菓をそれぞれアイス化することを提案した。

1年生の大谷美結さんは「取材を断られ、思うように調査が進まなかったこともある。実際に地域に出て視野が広がった。インタビューや人前で話す経験、課題を掘り下げた体験を生かして将来はアナウンサーになりたい」と話す。今後、金沢駅周辺のショッピングモールに提案しようと考えている。

発表後は、どの班にも鋭い質問が飛んだ。発表者も熟考した過程や、採用しなかった理由などを展開した。生徒たちは相互評価を行い、シートに調査力・論理的構成力・表現力・協調性の４項目と感想を記述した。

最後に、教員の口頭評価があるが、このコメントが生徒を伸ばすのに非常に重要だという。生徒の良い点を再認識させ、課題を明確にさせる。発表者に加えて、聞く側の生徒にも参考になり改善の指標となる。例えば、分類の仕方が的確であるか、比較ができているか、データを挙げて説明しているか、データをグラフ化しているか、発表の論理展開が明確か、提案が具体的か、プレゼンの表現が分かりやすいかなどである。

山本吉次主幹教諭は、「総合学習の成果を高めるために一番大切なことは、探究学習が生徒の将来につながる総合的な人間力をつけるのであるという教員の『信念』だ」と話す。

地域をフィールドにした学びは、これからアジア、そして世界へとつながっていく。

広島県立
御調
高等学校

地域創生でご当地ヒーロー「ミツギレンジャー」登場

（2015年1月号）

総合学習で「地域の活性化」をテーマに、生徒自らが活性化策を企画、実践している広島県立御調（みつぎ）高校を紹介する。同校は山陽新幹線の新尾道駅から北に車で30分ほどの尾道市御調町にある。創立92年の伝統校で、全校生徒数174名の普通科高校である。2年次からは文理コース、情報・サービスコース、福祉コースに分かれ、様々な進路選択に対応する。

「まなびのとびら」で地域を元気に

「地域の活性化」を目標に探究学習が行われるのは、2年生の総合学習「まなびのとびら」（2単位）で、毎週木曜日の午後に行う。

1年生の総合学習「未来に生きる」（1単位）は、学問探究、仕事や社会の探究を行う。2年生への接続を意識して、地域活性化策の考案もする。個人や班での情報収集の方法、まとめ方、発表の仕方などの基礎を学ぶ。

本格的に「地域活性化」を掲げたのは2年前。8グループが地域の課題に対する取組を提案したが、校内での活動にとどまり、地域で実践するまでには至らなかった。

そこで、2013年度は地域を元気にする実践まで行いたいと2つの工夫をした。1つは、御調町の5つの宝を決め、「5宝」を生かした地域活性化策を提案した。もう1つは、地域の魅力をPRするためのシンボル「ミツギレンジャー」を考案し、様々な地域行事に参加したことだ。

まず、御調町の「宝」は何かを、学年全体でブレーンストーミングをして出し合った。生徒は地域の宝を、「医療・福祉」「ソフトボール」「文化・伝統」「自然」「食物」の5つにまとめた。各生徒の希望で5つのグループのどれかに所属し、宝を生かした地域活性化策を検討し始めた。

これと平行して、5宝と地域をつなぐ、地域活動のシンボルを考案した。流行のゆるキャラなども候補にあがったが、強く勢いのあるイメージがぴったりだとご当地ヒーローを選び、「ミツギレンジャー」と名付けた。

ミツギレンジャーは祭りや各種イベントに参加。同町の道の駅「クロスロードみつぎ」で行われる月1回の「ありがとうデー」は、グループが順番に、ぬりえコーナーの運営、御調の名所紹介チラシの配布、ヒーローショーなどの企画を担当する。ミツギレンジャーは「親しみやすい」「格好いい」と瞬く間に人気者になった。来場者からは、「御調の特徴が取り入れられたぬり絵で、若い方の感性が出ていてよいと思う」「子どもは、ミツギレンジャーに会って『よしよし』してもらうのをうれしがっていました」と感想を話した。

御調町秋祭りを主催する、尾道しまなみ商工会御調支所の篠原裕之さんは「全部生徒がやっていて感心します。地域をつくるのは若い力。一番必要なところです」と、高校生の参加は祭りをさらに盛り上げたという。

道の駅での企画では、開催までに3回程度の打ち合わせ会を行う。道の駅の上原啓明駅長は「積極的で自主性があるので訪れる人に好評。高校生と一緒に特産品の目玉となる商品を作り、町外の人に『御調町は元気がある』という姿を発信していきたい」と話す。

御調町の5つの宝

①医療・福祉グループは、医療福祉の町という観点から高校生にできる地域貢献を考えた。地域の医療・福祉関係の専門家に聞き取りを行い、オリジナル健康体操を作って町に広めることにし

た。振り付けは、介護予防体操などを参考に、多様な動きを取り入れた。御調体操と名付け、オリジナルの音楽と歌詞をつけ、幼稚園や保育園などを訪問して、体操を広めた。

誰でもできる健康体操を意図していたが、テンポが速く動きが激しいので、万人向きではないという声が出た。そこで、今年度は、老若男女が踊れるよう、スローテンポの音楽に作り直し、振り付けも改良を重ねている。

②ソフトボールグループは、ソフトボールの一層の普及で町の活性化を目指す。御調町は町内に5つのソフトボール専用球場があり、同校男子ソフトボール部も5年連続インターハイに出場する強豪である。

高校生は競技の裾野を広げたいと考えた。メンバーはソフトボール部員以外がほとんどであるため、ソフトボールについて探索し、子どもたちに伝わるよう創作して紙芝居にした。幼稚園や保育園を訪れ、紙芝居と実技をした。新聞紙を丸めたボールを使い、打ってみたいというリクエストには、バッティング台を手作りして実技の手ほどきをした。

グループ担当の金川絵里子教諭は、辛いのは「こうしなさいと言えないこと」と、生徒の主体性を重視する。「活動している生徒の、普段とは明らかに違う姿に感動する。自分たちでやるんだという意志が感じられる」。生徒の笑顔が先生方の元気にもなっている。

③文化・伝統グループは、御調町の文化・伝統の良さを広め地域活性化に結びつける。名所の紹介パンフレットを作り、道の駅などで配布する。2年生の國守仁美さんは「取材やパンフレットの

配布をすることで、人と話すことに対する苦手意識が消えました」と話す。パンフレットにはミツギレンジャーが登場し、県の無形文化財「みあがりおどり」や石見銀山街道、圓鍔勝三彫刻美術館などを案内する。

④自然グループは、地域の自然を生かした地域活性化策を練る。はじめは、ホタルの保護活動をしようと保全地域の清掃活動を計画した。地域の聞き取りを進めると、保全区域の住民に「何もしないでください」と言われた。はじめは驚いたが、自然のままがよい場合もあることを学んだという。

現在は地域の植物を利用したドライフラワーの作成と地域に自生するヨモギを使った商品開発を進めている。ヨモギ化粧水作りは様々な方法を試したが、香りがうまく引き出せずに、いまだに完成していない。一方、ヨモギ入浴剤は完成し、11月16日の道の駅「ありがとうデー」で、60個の無料配布をした。

御調町の自然を町外に広めようとカレンダー作りもした。7月は青田、9月は真っ赤な曼珠沙華、四季折々の景色を撮り歩いた。

2年生の久保亜友美さんは、「取材で歩いていたら、通りがかりのお年寄りに『御調高校生ガンバっているね』と声をかけられ、とてもうれしかった。新聞やニュースで報道されるのを見ると、自分たちの活動していることが客観的に実感できる」と話す。

⑤食物グループは、地域の食材を生かした商品開発や農産物の生産を通して地域を盛り上げる。

2月の道の駅「ありがとうデー」では、1年間試作・改良を重ねた「みつぎモリもりバーガー」を販売した。町内産のトマトやほうれん草、キムチと鶏肉と豆腐で作ったハンバーグを挟んだボリュームたっぷりのバーガーは1個320円。限定200個は1時間ほどで完売した。3年生の紙屋愛さんは「地元の特産品の良さを実感。道の駅の料理長の意見も聞きながら改良し形になったことがうれしい。将来は、作業療法士として地域に貢献したい」という。

今年度は地域の菓子店と連携して、ミツギレンジャーが焼き印された手焼きせんべいを商品開発。1袋4枚入90円で、おまけにレンジャーシールも付く。各種イベントで販売されるがすぐに完売する人気ぶりである。

地域活性化の使者「ミツギレンジャー」

ミツギレンジャーは生徒たちの提案で、「MiTsuGi」の頭文字を、目や額、ベルトのバックルにあしらったデザインに決まった。実際にコスチュームを作ろうと専門業者に問い合わせると、1体60万円することが分かり、1年目は赤のレンジャー1体を制作した。

出演依頼が重なりレンジャーが同行できないこともあったので、

今年度は青と黄のレンジャーを県の補助金で制作し、活動の幅も広がった。ヒーローショーは台本から演出まで生徒の手作りだ。御調の5宝を奪おうとする怪人から無事に宝を守り抜くショーは、笑いと格闘シーンがあり子どもたちは大喜び。また、健康福祉展では、だらしないメタボ星人を倒すという内容の筋書きで披露された。レンジャー役の3年生・宮本大輝くんは「視野が狭くて、夏場は暑いけれど、子どもの歓声や素直なことばがうれしい。看護師になって、町の一員として立ち上がりたい」という。

この他、レンジャー塗り絵や顔出しパネル、記念写真を撮るコーナーも大人気で、ミツギレンジャーに抱きかかえられた子どもたちを写そうと、家族連れが列をつくった。

ミツギレンジャーのイラストもソフトボールや温泉バージョンなど17点に増えた。2014年6月にはミツギレンジャーのデザイン担当で美術部3年生の古本遥奈さんと学校が「著作物利用許諾契約」を結んだ。人気に便乗して勝手に使われることもなく著作権が守られ、古本さんが卒業後も学校や地域の活性化のために自由に使えるからだ。古本さんは「知的財産権の保護について詳しくなりました。ミツギレンジャーが認知されるのに貢献できてうれしい。将来はイラスト関係の職業を目指しているので、貴重な経験です」と話す。

「生徒はよくやってるなぁ」とは、総合学習担当の豊田昇教諭。「地域に出て他者とふれあう中で、考えて動けるようになった。コミュニケーションが取れる、場面に応じて動ける、幅広い視点から考えられる」と、成長を実感する。生徒のアンケートもほとんど全ての項目で身に付いたという結果がでた。

同窓会副会長の住貞義量さんは、「思春期だからこそ地域とのつながりが大切。地域も高校生の社会参加できる場の提供をより一層していくべきだ」と呼びかける。

学校関係者評価委員長の溝上泰さんは「地域の発展や創生に貢献しようという意気込みが感じられる。地域の信頼もあり、好感度が高い。子どもや孫を入学させたいという声も多く聞く。生徒のフレッシュな気持ちやエネルギーが大人に感化を与えている」と話す。

学校新聞「御調高だより」は毎月、町内7千軒全戸に配布される。B4判カラー両面印刷で、学校行事や部活動報告とともに、総合学習「まなびのとびら」の話題も毎号に載る。10月号には、高校生から地域の方へのお願い欄もある。「本当に地域のためになる活動にするために、地域の方々の声が聞きたい」と、さらに地域の声を生かそうと試みる。

高校生に「地域活性化でイノベーションを起こさせたい」というビジョンを示した倉田雄司校長は、「大きなビジョンは校長の仕事。あとは、先生方に楽しんで仕事をしてもらえるようリードする。みな熱心なので、先生方の裁量に任せています」と話す。

村田能一教諭は「生徒が変わるので、教員ももっと頑張ろう、やらなきゃ」と語る。

宮仲基生教頭は「表に出て行かれなかった生徒が、地域に出る。地域の人が喜んでくれ、生徒を好評価してくれる。生徒の自信につながる。生徒の変容を目の当たりにした教師が変わる」と述べ、地域創生を軸に、校内、そして地域での好循環が広がっていると話す。

山形県立
鶴岡中央
高等学校

地域資源を生かして、地域を元気に

（2015年3月号）

総合学習を核として、自己の進路と関わりのある地域の課題解決に取り組む、山形県立鶴岡中央高校総合学科の実践を紹介する。

同校は山形県の西部、庄内平野の南部に位置し、日本有数の稲作地帯にある。普通科3クラスと総合学科4クラスを併設する全校生徒数840名の単位制高校である。

総合学科では1年次に「産業社会と人間」でインターンシップとライフプラニングを行い、2年次からは、「国際交流」「情報科学」「美術・デザイン」「家政科学」「社会福祉」の5つの系列に分かれる。

総合学習は2年次に1単位、3年次に2単位を行う。2年次前期は、キャリア体験学習を実施し、未来設計をする。生徒の興味のある職業を調べ、地元で働く20代の若者に学校に来てもらい、仕事を見せてもらう。12の職種の中から、興味ある2つを選んで、広い学校管理棟の下で、生徒も体験をする。警察官からは指紋採取の方法を、美容師からは手のマッサージや接客、建設業者には家屋の骨組み造り、飲食業者には出汁のとり方、自動車整備士には車の塗装などを見せてもらい、やりがいなどを聞きながら体験する。事後には、クラス報告会、続いて学年報告会を行う。

2年次生の三浦将太君は「若い人が生き生きと働いている姿が楽しそうで、地元が盛り上がるだろうと感じた。仕事体験や発表経験を3年次の総合学習につなげたい」と意気込みを語る。

2年次後期は、3年次で行う総合学習を進めるスキルをワークショップなどで学び、テーマ決定をするための基礎調査に入る。同じ課題に興味を持った生徒同士で班をつくり、地域の課題と系列の学びを統合し、上級生の研究なども参考にしてテーマを設定する。

3年次に行う総合学習は、火曜日の午後2時間連続で行い、研究と系列の学びをリンクさせながら課題解決を図る。12月には総合学科発表会を開催し、例年100名を超える保護者や地域住民が参観する。

山形に外国人観光客を呼び込む

観光プランの作成とコンテストへの応募をテーマにして、山形県の観光資源を生かした観光プランを作り、今年度の「観光甲子園」の131プランの中でグランプリを受賞した班がある。

3年次生の牧舞夢さんら5名は「地方空港の衰退化」「外国人は山形県のことを知らない」「観光パンフや看板のアジア圏表記が少ない」「個人旅行に対応する県内アプリやサイトが少ない」な

どの課題を克服するため、海外からの「教育旅行」プランを考えた。

台湾の高校生を対象に、11月に5泊6日の旅行を企画。庄内空港に到着し、庄内の複数の高校と交流をする。農業体験や文化体験、先進技術体験をして、5日目からは東京ディズニーランドや浅草、秋葉原を訪れ、東京国際空港から帰路に着くツアーだ。価格は1人当たり2万3000ニュー台湾ドル（日本円で約13万5000円）である。

日本と台湾のチャーター便を使うことや言語の違いをどのように補うかなど、工夫が凝らされている。プレゼンテーション時にはサクランボの被り物と、班員の掛け合いやはつらつとした話し方が好印象を生んだという。並行してツアーガイドブックも作成した。

「観光甲子園」の本選グランプリに加えて神戸夙川学院大学長賞も受賞した。受賞後は県庁への結果報告や鶴岡駅での観光キャンペーン、地元商工会の研修会や鶴岡市長と語る会で観光関係者に向けての発表をした。山形県庁商工労働観光部観光交流課主査の森谷知浩さんは、「教育旅行に訪れる生徒たちと同年代の高校生の視点がプランを面白くしている。また、台湾と日本の高校生の交流会を、複数校で行おうと考えたのは新しい。これからの施策の参考にしたい」と話す。

「受賞の喜びとともに、苦手なことが克服できました。人前でプレゼンができ、自分に自信が持てました」と話す牧舞夢さんは、4月から大学の経営学部へ進学する。

担当の渡部正仁教諭は、「東北人はおとなしいイメージがあるけれど、大人に対しても自分の考えを堂々と言えるようになりました。度胸がついたと思います」という。

地域に元気を取り戻す

地元の商店街の店主が高齢化し、後継者不足でシャッター街となっている状況を改善しようと考えた班もある。何カ所もの商店街の実態調査をした。6年前に「新・がんばる商店街77選」に選ばれた山王商店街は、商店の70％が廃業予定であることが分かり、危機感を覚えた。商店街への聞き取りや山王まちづくり（株）の活性化ワークショップに参加し、生徒たちも商店街のナイトバザールに出店参加することにした。

商品を決めるのに、何度も試作品を作った。お好み焼き棒は中まで火を通すのに時間がかかり、持つと崩れてしまった。喜んでもらえる商品は何か調査し、調理が簡単でしかも食べやすい唐揚げとかき氷を販売することにした。

商店街の空きスペースを借りて、クイズラリーと休憩場所も設置した。高校生の出店で他校の高校生など若者を集客することができ、商店街にも来客者にも好評であった。

一方、齋藤有香さんら3名は、庄内の在来作物を使って地域活性化を考え、農家の方を笑顔にしたいと取り組んだ。

山形県の在来作物は種類が豊富だが、知名度が低い。そこで3つの課題の解決を狙った。地域限定のイベントを行い観光に貢献する、農業後継者を確保するためにI・Uターンを増やす、県の施策でもある6次産業を活性化する、である。

役場や農家、農産物直売所や農家が出店するレストランに足を運び、話を聞き、自分たちにできることを考えた。６次産業化の商品開発までは至らなかったが、地域限定の作物やイベントに付加価値を付け、口コミやＳＮＳを利用して広範囲の人に情報を発信した。

地域産業を広めるシルクガールズ

鶴岡市は養蚕から製糸、製織、縫製まで全行程が残る全国でも数少ない地域。そんな伝統文化を次世代に伝える町おこし事業の一環として、家政科学系列では5年前からシルクガールズプロジェクトに取り組む。

２０１４年度は18名の被服系3年次生が中心となり、「古くからの産業であるシルクを通してファッションを楽しみ、地域を元気にしたい」をテーマに先輩達の取組を発展させた。生徒自らが企画構成、演出、モデル、裏方などを行い、鶴岡シルクを使って制作した個性豊かなドレスなどのファッションショーを開催する。

また、鶴岡シルクへの理解を深めようと市内の工場を見学したり、市民参加型の草木染め体験講座を実施したり、食にシルクを使う可能性を検討したりして、鶴岡シルクを未来につなぎたいとプロジェクトを継続している。

夏祭りなど年6回のショーを開き、11月には鶴岡駅前のマリカホールで「シルクガールズコレクション」を披露した。高校生は純白のウエディングドレスやバルーンドレスでランウェイをさっそうと歩いて登場。変身するドレスもあり、300人の観客から大きな歓声と拍手が送られた。モデルとして、障害者や高齢者、養蚕体験をした児童らなど、2歳から92歳の男女も参加。軽快な音楽に合わせてポーズを決め、連携の輪を広げた。

障害者施設に通所する年頃の利用者にとって、普段着ている洋服は機能面が重視され、おしゃれとはほど遠いという。そんな人にもおしゃれを楽しんでほしいと高校生は何度も施設を訪れ、打ち合わせをした。障害のため話をすることが困難な人とは、色鉛筆を指さしながら好みの色を選んだ。車いすの人には、着脱しやすい上下セパレートのドレスで座ったまま着られるようマジックテープで止めるなど、デザインの工夫もした。

3年次生の木村千枝里さんには、同年代の障害者から「セーラ服を着たい」というリクエストがあった。セーラ服をさらに華やかにアレンジし、試着に訪れると最高の笑顔を見せてくれた。「がんばってよかったです。お互いの間に垣根がなくなっていることにも気づきました」という。

障害者施設鶴岡市ゆうあいプラザかたぐるまの本間志保子所長は、「心に寄り添ったドレスに、利用者さんはとても喜び、人前に

出られた経験で笑顔が増えました。家族の心にも響いて、涙を流されている方もいました」と語る。

プロジェクトリーダーの3年次生・飯野凪紗さんは「鶴岡シルクを通して郷土について知りました。仲間と協力すること、一人ひとりのいいところを見つけて支え合う、こんな力が社会に出ても大切なんだと思います」と話す。

担当の岡部あけみ教諭は「仲間を認め合い、協力しないと企画が進まないので、目に見えて主体的に動くようになりました」と説明する。生徒は繭を使ったかんざしやドレスの端切れでぬいぐるみを作り、絹の良さを広める。「今後は、実際の結婚式でシルクのウエディングドレスを着てもらい、地域産業へ貢献したい」という課題解決は次の課題の発見になる。

食べるシルクも登場。障害者施設と連携してシルク入りのメロンパンの開発が進行中だ。生地にシルクゲルと桑の葉を練り込んで緑色に発色させた。この他、高校生による各種イベントでのシルク入り水ようかんのふるまいや、シルクを使ったスイーツを地域の結婚式場や産直と連携して商品化した例もある。

元気に暮らせるまちづくり

社会福祉系列では30名全員で介護予防体操を考案した。6名ずつ5班に分かれ、班ごとに取材や話し合いを重ね、最終的に1つの体操にまとめた。

お年寄りには、「運動を続けやすい時間」「身体を動かす場面で困っていること」「好きな曲」などのアンケート調査をした。また、米沢栄養大学の加藤守匡准教授からは、効果的な筋肉運動をする方法のアドバイスを受けた。これらを踏まえ、体幹や足回りを動かし、胸を開く動きを多く取り入れた。

11月19日には、高齢者が集まるコミュニティーセンターで高齢者36名と生徒30名で介護予防体操を通して交流をした。お年寄りへの事後アンケートでは、「楽しかった」「体操することで運動になった」は、いずれも100%であった。しかし、体操の動きが速く、テンポに追いつけないという意見もあった。

3年次生の丸山泉さんと森千明さんは「介護予防では人と人との交流が大きな役割を果たす。体操を知ってもらい、高齢者が元気に暮らせる地域づくりをしたい。プロジェクトは後輩に引き継ぎたい」と語った。

鶴岡市第6学区コミュニティ組織協議会事務局長の菅原芳信さんは、「ひとり暮らしのお年寄りも多い、高校生と関わることが何よりだった。交流の継続を望む」と強調する。

総合学科主任の本間美加教諭は「3年次の総合学習は総合学科の学びの集大成。1年次の『産業社会と人間』や2年次から始まる系列学習と総合学習が縦につながることで、充実した内容になると考える。さらに学習を進める中での地域の方との関わりは、机上では学べない多くのことを学び、心の面でも大きく成長することができると感じている」と話す。

和歌山県立
有田中央
高等学校

地域社会の中核を担う若者の育成

（2016年1月号）

「地域社会の中核を担う若者の育成」を目標に掲げ、３年間を見通し、その先の未来に向けたキャリア教育を核に学校改革に取り組む、和歌山県立有田中央高校を紹介する。

同校はみかんの産地として知られる有田川の流域にある、生徒数４２７名の単位制総合学科の高校である。１９０７年に農業系専門学校として創立し地域農業の発展に貢献したが、農業の低迷や普通科志向により課題が山積した。１９９７年には総合学科に改編したが、高校入学者選抜制度の度重なる変更や学区撤廃で全県一学区となり、定員を充足できない状況が続くようになった。２００６年頃には生徒ホールでの喫煙、授業中の徘徊、徒党を組んでの教師への威圧的行為など校内の秩序が崩壊していった。３年間で卒業する生徒は約６割。失望感を持った生徒、転勤を希望する教師、同校を人ごとのように無視する保護者や地域住民。マイナスの気持ちが作用して負のスパイラル状態になっていた。

イノベーション

2010年からは清水博行前校長が大きく舵を切り、大胆な学校改革に乗り出した。意識改革、教育システム改革、教育活動の質的改革をイノベーションの3本柱にした。

意識改革は、教員には高校のミッションを「地域社会の中核を担う若者育成」であることを徹底し、中核を担う生徒とはどんな生徒なのか？　プロジェクトチーム、ワーキングチームで課題を明らかにしていった。

生徒には「君たちは期待の星になれる」と様々な機会に頑張りや成長を評価し、自己有用感や自尊感情の高揚につなげた。保護者や地域住民には「地域社会の後継者はみんながかりで育てる」を浸透させた。

教育システム改革では、1年次で20人以下の少人数クラス編成をした。科目選択はそれまでは100科目以上から自由選択できたが、選択が安易な方向に流れやすいために生徒の十分な学習成果に結び付いていなかった。そこで総合学科としての12系列・コースを明確に設定し系統的に科目選択ができるよう改善した。また、朝の10分間の学び直しを徹底して単位認定できるカリキュラムとし、分掌は7分掌から5分掌への統合による効率的で組織力を高める組織改革をした。

ソフト面での教育活動の質的改革は、特別支援教育の研究を通じて一人一人の生徒への理解を深め、生徒への関わりの質の転換を図った。全教員が閲覧できる生徒カルテの校内ネットワーク化の構築、教室や授業のユニバーサル化なども進んだ。入学前に3日間の登校日を設け入学前三者懇談を行い、中学校生活、家庭事情、身体精神面での配慮事項などを聴き取り、信頼関係を構築して高校生活が円滑に始められるシステムづくりをした。

改革当初から携わった運営委員長の窪田光利教諭は、「積極的な提案はすぐに取り入れられた。同僚性が高まり全教員でとことん面倒をみた。生徒の表情が明るくなり、信頼関係が構築できたと思う」と話す。

授業力向上では、各教科の退職校長をアドバイザーとして招聘し指導助言を生かした。若手教員による授業改善グループを中核として創意工夫した授業づくりにも取り組む。生徒が飽きない授業、メリハリのある1時間を目指し5つの観点を共有した。①授業開始時に学習への見通しを持たせる工夫、②分かりやすい説明や発問と視覚的な表示への工夫、③生徒同士の活発な学び合いや場面転換、④授業における専門性を高める工夫、⑤学習規律への工夫——である。

校内研修、先進校視察（年間24回）などもした。そしてグランドデザインをつくり中核には「産業社会と人間」（以下、産社）と「総合的な学習の時間」（以下、総合学習）を据えた。

社会と〝つながり〟〝独り立ち〟

総合学習では、生徒につけたい力を全教員が共通認識するところから始めた。総合学習の全体計画・各単元の目的や取り扱いたいテーマの提案は進路キャリア教育部で行い、それを学年で運用し、授業担当者（学級担任）がクラスの生徒に合わせてさらにアレンジを加えて実践する。「かつてはワークシートの穴埋めをしていました。これでは生徒に『何か』を感じさせ、思考させることはできない。生徒に汗をかかせたいならば教師も汗をかこうと、長時間討論しました」と進路キャリア教育部長の桜井卓馬教諭は言う。体験的で探究的な取組を増やし、授業の質の向上を目指した。

1年生の総合学習は「カルチャー園芸」で、農業体験や福祉体験を通して生きることの意味を探り、命の大切さを実感する。作物の栽培は各自の栽培スペースが割り当てられ主体的に行われる。また、品評会〈**写真**〉への出品や、郷土の食について理解を深め、作物を育てることや福祉活動をすることによって命の大切さと思いやりの大切さを実感する。

「野菜が育っていく姿を近くで見て、驚きと感動があった。手を加えると自分の子どものよう」「自分で作った野菜を家族がおいしいと言ってくれた。生き物を育てる経験から命の尊さを考えた」

と感想を話してくれた。

　連動する産社「夢を持とう」では働く意義は何かを考え、企業探究をして、自分の展望や適性を見極めて系列・コースを選択する。1月には2日間のインターンシップを行う。系列との関連性や高卒求人にある職種に重点をおいて、連絡を取る。この経験で夢や展望と自分の適性とのギャップやマッチングに気付き、リアリティーが加わるという。

　2年生の神藤麻未さんは、インターンシップで看護師体験をした。「患者さんの身体を拭くだけなのに、お湯の温度はどうかと声をかけ、細かいところまで気を使っていることが分かった。命の重さを実感した。夢は人の役に立って支えること。今は看護師になりたい」と思い描く。

　2年生の総合学習「セルフディスカバリー」では、生徒自身が在り方生き方について考えを深め、自己有用感の醸成に加えて他者とのつながりを重視したコミュニケーション力の育成に力を入れる。

　6月には卒業生30名余りに来校してもらい、卒業生1人に対して高校生5～6人のグループをつくり、仕事や上級学校について聞く。将来ビジョンを明確にする意味もあるが、年齢の近い大人と話をすることで他者との適切なコミュニケーション能力を育成する第一歩として位置づけている。

　2年生の瀬村楓太君は「人見知りなのですが、大人と話す機会が多く、慣れてきて、自分の言いたいことが言えるようになりました。恩師の『何もしないより何かを得よう。年齢は関係ない』という言葉を心の中で繰り返しています」と元気よく話してくれた。

8月には、中学校を訪問して高校での生活や学習状況などを話す「母校訪問」をする。生徒自身が出身中学校に連絡を取り、高校での生活や授業、将来の夢などを中学校の先生方に話すことがミッションである。多くの生徒が恩師から「頑張っているね」とか「安心した」という言葉をもらってくる。自分の事を話し、認められ、自信を持つ生徒も多い。

中学校時代に不登校だったという3年生の生徒は、「中学校時代に学校に行かなかったことも今の自分につながっています。当時は部活動のことで行けなかったけれど、高校では最後までやり抜くことができました。中学時代の先生も喜んでくれました」と話す。

3学期には地域の企業から30名の方々に来校を依頼し、1講座5名以内で初対面の人とコミュニケーションを取る。事前にロールプレイやソーシャルスキルトレーニングをして臨む。職業理解もあるが、一番の目的は一人の大人からじっくりと「人生」について聞き、高校生自身が自分の生き方在り方を考え行動するところにある。台本のない2時間である。

「悩みを話したら、真剣に聞いて励ましてくれてうれしかった」「初対面の人と話すのは友達と話すのと全然違って緊張した。人生が楽しそうに見え、目標を持つことの大切さを教わった」などの感想があった。

3年生の土井沙耶佳さんは、「様々な機会に、どのように生きていくかを考えた。英語や国語は見たくもないと思っていたのに、分かるようになって勉強が楽しくなった。問題を解いているとうれしくなる。今は人と話すのも楽しい」と進学に向けて頑張る毎日だ。

3年生の総合学習「リンクアップゼミ」〈写真〉は将来への展望を持たせ、独り立ちできるようになることを目指す。社会とつながるために、まずは合意形成の方法を体験的に修得する。次に、つながりをテーマに社会の出来事やビジネス課題、実生活での課題などについてグループで解決策を考える。

3年生の古川怜央君は、「仕事とは」というテーマでグループ探究をしている。学校の椅子を作る会社に行き、大量生産でも細部は手作業であることを知った。ものづくりをして、買ってくれた人に喜んでもらえる仕事がしたいという気持ちが芽生えた。企業経営者など何人かにインタビューすることで、「『努力と責任感』が大事だと聞いた。かっこいい生き方だと共感した。学校では先生方もとことん親身になって付き合ってくれる。こんな環境の中だからどんな社会人になりたいのか将来をじっくり考えられた」と言う。

産社、総合学習の学びは、各教科の学び、部活動、校外実習、伝統行事、品評会の活性化、校内カンパニーの設立、中山間地の農業振興の基盤になっている。例えば、農業系列では、有田中央ブランドとして七味唐辛子の製造から販売までを行う農業の6次化を進め、「みんなDE笑顔プロジェ

クト」地域活性化部門で優秀賞を受賞した。この他、特別活動や部活動で町内の祭り、遊歩道の清掃、地区の溝掃除、水害時の災害復興ボランティアに参加した。これらの地域での活動は確実に学校への信頼感や安心感につながった。

地域の応援団として学校・保護者・地域で連携してつくる「地域協育会」も設立され、地域をリードする若者の育成を目指す。

地域協育会のひとりで地元商工会の笠松晶久さんは、「高校生の意識の変化を感じる。盆踊り大会の実行委員として企画段階から高校生が入ったことで世代をつなぐ存在にもなった。通りすがりではない、顔見知りの地域の一員という関係になった」と評価する。

2014年度より改革を引き継いだ河本好史校長は、「地域を支える若者を育成していくというミッションは、これからも変わらない。教員一人一人が生徒の持つ可能性を信じ、前向きな気持ちで夢や希望を持ち努力し続ける生徒の育成のために、あきらめない指導を続け、愛情と情熱を注ぎ続けている。様々な悩みや課題を持って入学してきた生徒の成長に直面すると、『子どもたちの持つ可能性は無限にある』ことが実感できる。生徒の成長につながる取組は、まだまだある」と話す。

大分県立
佐伯豊南
高等学校

地域に飛び込む高校生が未来を創る

(2016年4月号)

大分県の東南に位置する県立佐伯豊南高校は、2014年4月に佐伯鶴岡高校と佐伯豊南高校が統合してスタートした。総合学科3クラス、食農ビジネス科、工業技術科、福祉科各1クラス、全校生徒数530名の4学科を有する総合選択制高校である。
学科の横のつながりが強く、学科を超えて全職員が課題と達成感を共有しており、毎日の朝礼でも生徒の良さを伝え合い情報の共有をしている。今回は総合学科の総合学習を軸とした地域創生の取組を紹介する。

「SHA(佐伯豊南総合学科)プロジェクト」

1年生の「産業社会と人間」(2単位)、2年生の総合学習「虹」の時間(1単位)、3年生の総合学習「未来」の時間(2単位)では生きる力の育成を目的に、佐伯市の活性化をするために高校生らしいアイデアを出し実践をする「ＳＨＡプロジェクト」を行う。

取材の日は、1年生が1年間の活動のまとめとして作った「産社新聞」の発表会をしていた。新聞形式にまとめた用紙をプロジェクターで映し、5分ほどで発表する。担任が「次に発表する人は？」と言うと、生徒は率先して元気よく手をあげる。18校の上級学校の現地での講義や実習、佐伯市内29カ所での1日間のインターンシップ、職業人講話、外国人留学生との交流などでの体験から得たこと、「見る力、聞く力、調べる力、まとめる力、発表する力」を意識してどのように行動したかなどを表現していた。

発表の最後には、2年生の総合学習「虹」の時間への抱負も語られた。高校生らしい視点での鋭い意見や、自分から動くことの大切さを訴えた生徒もいた。また、どの生徒も共通して行事ごとに成長した自分の姿を言葉にしていたのが印象的だった。

3学期には、「虹」の時間へつながる講座も用意されている。昨年度は（株）「まちづくり佐伯」の担当者から佐伯市の人口が毎年８００人減っていること、30％が高齢者であることを聞いた。生徒の感想には「まちづくりとは町を元気にすること」「やったことのないことをやってみること」「佐伯の活性化に関わりたいと感じるようになった」というものがあった。

また、社会で活躍するスペシャリストからのメッセージとして、校歌の作詞者で芥川賞作家の小野正嗣さんからは、言葉の大切さについて聞いた。卒業生として佐伯市の良さを再認識し、ポジティブな言葉を増やし言葉を大切にすることは、自分も他人をも大切にすることだというメッセージを受け取った。

佐伯市のためにできることを「カタチ」に

2年生の総合学習「虹」の時間は、佐伯市を盛り上げる企画を作り実践する。5月までにテーマを決定し、商品開発や祭りの企画など年間の大まかなスケジュールを設定する。6月には別府大学を訪問し、探究学習をどのように進めればよいかを工藤邦彦准教授より聞いた。書籍やネットからの情報に加え現地での調査の大切さを学んだ。

企画プリントが完成した生徒は、面接形式で2名の教員に課題設定の理由や内容、研究を通して得られる効果などを説明する。教員からのアドバイスをもとに再度企画書の内容を深める。教員も単なる調べ学習にならないよう、また、生徒が熱意を持って取り組める企画となるよう支援する。

7月には佐伯市や地域の博物館など26名の外部講師を招いて、観光・ＡＲＴ・イベント・食・防災・環境・歴史などの分野でワークショップやフィールドワークを行った。たとえば体育館では市役所職員が講師となり、生徒はＫＪ法で観光の活性化についての意見を出し合い、班ごとに集約し、イベントの開催や人を呼び込む企画や方法を発表した。自動車では気づきにくい穴場スポットを自転車に乗って回る「チャリマップで佐伯いい所巡り」など、地域おこし企画が披露された。

夏休み中はプロジェクトのために図書館やＰＣ教室を開放して、研究が進められるような環境づくりをした。地域で活動する生徒も多く、夏休み中の実践記録・調査内容などを2枚ほどのレポートにまとめて提出した。

9月には総合学科の2年生全員が42事業所で3〜4日間のインターンシップをする。総合学習「虹」の時間の探究や自己の進路と関連した事業所を選択した。

2学期は地域に出て活性化策を実践的に進め、11月には再度15名を迎えてのテーマ別のワークショップをした。スイーツ・かぼすヒラメ班は、コンテスト形式で班ごとの商品づくり。アート・国際班は、中国北京在住の芸術家齊中和さんから中国の水墨画の技法を学び、新たなテーマを発見した。

2月には「4学科合同学修成果発表会」が行われた。システム工業科（佐伯鶴岡高校3年生）の「緊急避難に適した車椅子の製作」や、食農ビジネス科の「佐伯特産！野菜粉＋マリンレモンの新商品開発について」など、他学科の課題研究は専門性があり総合学科の生徒の参考になった。

3月23日には、全員が1年間の活動をまとめたポスター発表会を予定している。以下に、実践されたプロジェクトを紹介する。

食で盛り上げたい

5月から8名が地域の商店「さいき本舗城下堂」と連携して、城下堂の1周年記念の商品開発に取り組んだ。夏の暑さを考慮して新たなスムージーの開発が始まった。

まず、2年生全員に、どんな味のスムージーを飲みたいか、金額はいくらまでならば払うか、どのようなネーミングがよいかなどのアンケート調査をした。結果を分析して4つの候補に絞り、3時間に及ぶ試食と話し合いの結果、イチゴとアセロラジュースの「イチロラ～甘酸っぱい恋の味～」のスムージーに決まった。

味に加えて、色、ネーミング、地産地消なども考慮した。販売価格はアンケートをもとに300円にした。城下堂の店頭で約1カ月間販売され、259杯を売り上げた。食農ビジネス科との連携でイチゴの仕入れ価格を安く抑えることができたので、原価は1杯86円と売り上げにも貢献することができた。

第2弾は「じゅれみあ」。カップの下からカボスのジュレ、濃厚なソフトクリーム、カボスのジュレと3層にしてトッピングにカボスピューレをあしらった商品だ。カボスの旬である9月から11月の間、祭りやイベントで1800杯を販売した。

商品開発に加わった2年生の塩月あやめさんは「おいしいと言ってもらえてうれしかった。カボスやイチゴなどについて自分で調べるようになり、他教科でも調べることが当たり前になった。発表の機会も多いので、人前で話すことが苦ではなくなった」と言う。

カボスジュレと濃厚カボスカスタードを使った甘みと酸味のバランスの良いシュークリーム「カボシュー」は、ファミリーマートと大分県が主催する、次世代応援地産地消商品開発コンテストで見事優秀賞を受賞した。

開発した2年生の市原玉喜さんは、祖父母の生産しているカボスを使いたいと思い、何度も試作品を作った。「1年生の時は先生に言われることをしていたけれど、2年生になり自分たちが提案したことを先生方に報告しながら自分たちで行動できるようになった。地元のことも考え、特産品や佐伯の有名なものを他の人にも知ってもらいたいと思うようになった」と話す。将来も得意分野を生かし栄養系の仕事に就きたいと考えている。

城下堂の佐藤将平さんは「商品のネーミングやポップのセンス、商品開発の過程などパワーを感じる。高校生の可能性を大切にしたい。佐伯の良さを知り地域のファンになってほしい」と言い、継続してコロッケやレトルトカレーの商品化をサポートする。

高校生が祭りを企画

観光やまちづくりに興味のある生徒たちは9月のインターンシップ時に、市役所と商店会から「高校生の地域おこしイベントを企画してみたらどうか」という提案を受けた。10万円の予算で約

1カ月半後の10月18日に祭りを企画することになった。

インターンシップ参加9名の生徒を中心に予算書を作り、商店会にはイベントの説明をするための事前のあいさつ回りに行き、フリーマーケットの商品集めをした。

祭り当日は食農ビジネス科が生産した野菜の販売、まち歩きスタンプラリー、書道パフォーマンス、フリーマーケット、ちゃぶ台をひっくり返しながら絶叫する声の大きさを競うコーナー、生徒が作った缶バッジやじゅれみあの販売をし、およそ300人を集客した。地域の大人からは、「若い力と、若い人の考えが形になって、よいイベントになった」と評価してもらえた。

実行委員長をした2年生の後藤臣飛君は「佐伯の文化を継承できるような、長く続く行事にしたい。自分にしかできないことができたらいい」と話し、「小学校で学んだことを中学校でふくらませ、高校で実現のための学びをし、大学でそれを深め、佐伯に帰ってきてふるさとに貢献したい」と続けた。

防災意識を高める

佐伯市は地震が起こった際には津波の被害が考えられる。福島

県での除染工事の実際を同校教諭から、地域の防災については市役所の担当者から聞き、高校生にできることは何かを考え、地域の園児や小学生の防災意識の啓発に取り組むことにした。

保育園で市の防災ダンス「だんごむしのうた」を歌って踊り、市が企画した「防災ダンスＤＶＤ」にも出演し、防災講演会や防災フェスタで活用してもらった。また、独自に防災紙芝居を作成した。12月の同校の防災の日には防災班の生徒が中心となり、全校生徒が防災米の試食を行った。東京の田中電気（株）との連携では、防災無線キャラバンカーを招き新宿本部と交信するなど全国初となる試みにも挑戦した。２月には、６名の生徒が防災の地域リーダーである防災士の資格取得をした。その一人の2年生の神河竜我君は、「地域のために何かしたい。授業で学んだ手話などを使ってもっと多くの人を守りたい」と次年度の「未来」の時間への意気込みも聞かせてくれた。

総合学科主任で、ＳＨＡプロジェクトのマネジメントをする堂脇真理子教諭は「生徒が活動をアピールできるようになり、コミュニケーション力や課題解決力がついたと実感する。でも、卒業までにすべての成果が出るのではなく、将来に向けて社会で生きる力、対応できる力を身につけてほしい」と言う。

後藤香代子教頭は、「総合学科の行う総合学習『虹』の時間、『未来』の時間は、バラエティーに富み、４学科を結びつける最大の威力となっている。４学科がお互いに高め合い、地域創生の力となるとともに、変化の激しい現代を生き抜くたくましい生徒に育ってくれることを願っている」と話す。

山梨県立
富士河口湖
高等学校

地域創生を目指し
富士北麓地域から世界へ

（2016年6月号）

山梨県立富士河口湖高校は、２０１５年度から5年間、スーパーグローバルハイスクールのアソシエイト校に認定され、総合学習を軸に探究的・協同的な学習を推進している。今回は1年生の地域課題解決学習「地域への興味・関心からグローバルな発見へ」の紹介をする。同校は富士山に最も近い高校で、富士北麓の標高８６４メートルに位置し、全校生徒数約６６０名の普通科高校である。「仰峰不屈」を校訓に文武両道を目指し、国際大会で活躍する選手を毎年輩出している。

全体像を教員と生徒で共有

総合学習は各学年1単位で、毎週水曜日の6時限に行われている。1年生にはオリエンテーションで探究活動の全体像を示し、毎回の授業で生徒が担当教員に提出する1枚ポートフォリオシートの記入方法についても説明する。これはＡ３判の厚紙を三つ折りにしたもので、片面には事前と事後に地域について考えたことを記入し、下方には両方をつなげる欄があり生徒自身が最終回に「活動の前後で自己の変容」を記入する。

もう片面には、毎時間ごと記入する本時のテーマ、本時で一番大切だったこと、質問や感想の3つの欄がある。担当教員は授業ごとに生徒の記述した文章にコメントを書き、活動状況を見るとともに形成的評価をする。

課題設定は、生徒が各自で「将来富士北麓地域がこんな地域になってほしいという理想の未来像」と「地域の現状」を書き出し、両方を比較することによって課題をあげる。次に、任意につくったグループで付箋に課題を書き出し、KJ法でまとめる。まとまりの内容ごとに小テーマを付け、クラス全体で発表して共有する。クラスで発表された課題は7テーマ（安全防災・人口減少・観光・環境保全・国際交流・商品開発・文化の継承）に集約できたので、生徒はそのテーマの中で自分が一番興味を持ったテーマを選んで探究をする班を決めた。

まずクラス全体で、地元富士河口湖町観光課の担当者や富士吉田市企画部の担当者から地域の現状や地域が抱える課題についての講演を聞いた。その後、班ごとに専門家の話を聞き、現地調査などを行った。

実践可能で具体性のある課題を設定すると同時に、課題を解決するための仮説を立て、仮説が検証できるよう実践計画を立てる。しかし、実践は計画通りには進まないことも多く、修正しながら実践をしたり、なかには仮説から再検討し直したりした班もあった。

フィールドワークで情報収集

1学期末までには探究計画を具体化して、夏季休業中にフィールドワークを行う。たとえば商品開発班は、河口湖畔の土産店で市場調査をした。人気の土産物の動向、日本人観光客と外国人観光客の購入品の好みなどを聞くことができた。調査から戻った生徒から「小学校の町探検では、どの店でも丁寧に対応してくれたけど、今回はちょっと違ってびっくりした。自分たちだけでやっていくのは予想以上にキツイ」という声があり、フィールドワークが新たな気づきにもなった。

一方、人口減少問題をテーマにした班は、若い人が県外に流出しているという現状から、高校生へのアンケート調査を試みた。はじめにつくったアンケートについて、連携先の富士吉田市企画部の荒井慶悟さんに相談すると「この質問だと何を聞きたいのか見えにくい。アンケートを取るのは自分たちの予測に進むための裏付けになる素材集めなので、素材となる質問を揃えてみたら」というアドバイスをもらった。これを受けて、仮説検証ができるような内容にするために班員でブレーンストーミングを重ね、何度も作り直した。

完成したアンケートは、①就職先・進学先について、②県外への憧れについて、③地元についての3項目10問構成で、選択と記述を交えて作った。約700人分のアンケート結果からは①就きたい仕事は地域にあるが、進学したい学校は県外に多い、②都会は便利で遊ぶ場所や商店が多く、視野が広がるという理由で過半数が都会での生活をしたいと考えている、③富士北麓地域は「落ち着く」「水や空気がきれい」「人が優しい」などの理由から郷土愛は強い――ということが分かった。

そこで、考察として『若い世代は、便利さや都会の環境に憧れを持っている。就きたい仕事は県内にあるが、進学校が県外に多いので、そのまま県外で就職して、県内に戻りたいと思っても企業の採用人数が少なく、地元に戻ってこられない人が多い』とまとめ、地域の良さをもっとアピールして盛り上げたいと計画を変更した。

思考ツールを使って整理分析

集めたデータをいかに整理するかは事前に方法を提示した。人口減少班などアンケート調査をした班は結果をグラフにした。また、高校生として実践可能な内容を検討する時には横軸を重要性や緊急性、縦軸を高校生ができることなどとしてマトリクス表を利用した。

県庁へ出向いての最終発表会

全体での発表の機会は2回設定されている。9月にはレジュメを作って中間発表を行う。他班の進捗状況を知ること、クラス全体のブラッシュアップをするために他班の内容をさらに高められるような改善案を出すこと、レジュメを作って発表することで、最終発表の予行にすることなどを目指した。

生徒からは「発表するのに下を向いているし、声が小さくて聞こえない」「違う班は進んでいて、焦った」などの感想があった。次の授業では、班ごとに自分たちの発表の様子をビデオで見て、再度振り返りを行い、簡単なプレゼンテーション上達講座をした。

2月4日には山梨県庁で報告会を行った。県の観光部、教育委員会、富士吉田市、富士河口湖町など25名に向けて、各班10分ほどの発表をした。発表後は観光部の樋川昇次長から「豊かな感性で県の課題を捉え、若者の視点で提言をしてくれ、よいヒントをもらった」、また、阿部邦彦教育長からは「課題を見つけ、仮説を立て、フィールドに出て、考えたことを検証している。地域と連携し、体験したことはすばらしい。今後は誰の視点に立って発想するか、また、当たり前のことを疑ってみるということも学んでいくと、さらに皆さんや地域が豊かになる活動になるのではないか」と講評していただいた。

1年間連携をして生徒を見てきた山梨県観光部の田邉さんは「生徒たちの発表を聞いていて涙が出ました。活動が進まずにもがいていた姿を思い出し、一歩が踏み出せなかった高校生が説得力のある発表をしたことに」と成長ぶりに感激したと話した。

〈探究実践1〉多言語で「神話パンフレット」を製作

富士山は世界文化遺産に指定されたが、その根拠となった富士山信仰や芸術の源泉であることについてはあまり知られていないことを課題とした班がある。まず、高校生自身が知識量を増やし、地域の子どもたちや地域を訪れる外国人にも広く知ってもらい、富士山を深く理解してほしいと考えた。

1学期は市役所や町役場の職員、県の富士山保全推進課、郷土史家などに取材をし、富士山ミュージアムや御師(おし)の家など関係施設でフィールドワークをした。

何から伝えれば富士山信仰や芸術に興味を持ってもらえるのかランク付けをして、地域に関わりのある「富士浅間神社の御神体コノハナサクヤヒメ」の神話を、親しみやすいという理由で選んだ。

小学生に興味を持ってもらえるよう漫画チックなキャラクターを描き、紙芝居を作った。同時に、高校生がはじめて知ったことや知っていてほしいと感じたことを3択のクイズにして放課後児童クラブで実践した。小学生は「紙芝居は面白くて勉強になったけれど、クイズは誰も答えられない問題もあって難しかった」と感想を語った。年齢や対象に合わせた難度のクイズに改善する必要があることがわかった。

一方、英語に訳して外国人に聞いてもらったところ、ブラジル人とカナダ人が途中で大笑いした。

日本人にとって神話の世界は身近だが、海外の人には奇想天外な物語に聞こえ、逆に面白かったのだという。また、米国人からは、「国の歴史が浅いので、神話は興味深い」という感想を得た。メールで交流するマレー大学の学生からは、「ニニギノミコト、コノハナサクヤヒメ」という名前の意味を尋ねられ、新たな疑問がわき再調査をした。

11月には富士吉田市フォーラムでポスター発表をした。ポスターの前には30名ほどの人が集まり、途切れることはなかった。また、青年会議所のメンバーなどとも交流ができた。紙芝居だと発信できる人数が限られるので、絵と文を多言語のパンフレットにして観光スポットに置いてもらった。

〈探究実践2〉地域の祭りでおもてなし

女子7名の班は山梨らしい商品開発をして観光を盛り上げ、地域貢献をしたいと考えた。河口湖畔の土産店で市場調査をし、コンセプトマップにまとめ、地域の食材を生かしている洋菓子店「すまいる庵」とコラボしてクッキーの商品開発をすることになった。

11月の約1カ月間、河口湖で行われる「もみじ祭り」で販売しようと、何度も試作を重ねた。富士山と紅葉の葉の形で、外国人観光客に人気の抹茶味と、紅葉の色を表現したチョコレート味にした。さらに、中間発表時に県観光部の田邉さんから「地域色を出すのなら、名産の果物を使う方法がある」とアドバイスを受け、1枚はレーズンをあしらうことにした。6枚入りのクッキーの商品名は「39（サンキュー）クッキー」。1年生が39期生であることと、「ありがとう」という感謝の意を込めた。販売価格は390円、目標売上個数は390袋とした。

祭り期間の前には「すまいる庵」で実際にクッキーをつくり、袋詰めまで行った。富士山を望む紅葉回廊の入り口の町役場の本部テントで販売をした。初日の土曜日は50個準備し、販売の呼び込みを始めて2時間ほどで完売した。新聞社の取材、ラジオやテレビの生放送への出演と様々なメディアに取り上げられた。班長の梶原萌音さんは、「アイデアを出してみんなで一つのものをつくったという達成感がありました。取材を受けたり生放送に出演したりして、限られた時間で伝えたいことをまとめて話さなければならなかったので、表現することも勉強になりました」と話す。

最終的に530袋を売り上げた。今後は形に残るものを商品開発してリピーター増加に貢献したいという。

〈探究実践3〉防災トランプを作成して自然災害に備える

地域防災の意識向上を課題にした班がある。富士山はいつ噴火するかわからない活火山であり、多くの観光客を守るためにも、日頃から防災意識を高める必要があると考えた。

はじめに、富士河口湖町防災課で、地域の防災対策資料を収集した。環境科学研究所では噴火や地震の他に、雪代という災害についてはじめて知った。雪代とは春先の急激な気温上昇にともなって起こる土石流のことである。地域災害の研究論文なども読んだが行政の行っている防災対策以上のことは思いつかず壁にぶつかった。それでも防災実験や講演会に参加しヒントを得て、地域の防災に関わる文語が書かれたトランプづくりを目指した。

話題としたい自然災害を思いつくだけ出し合い、その中から52項目を選び、記号ごとのカテゴリーで噴火、地震、火事・台風、洪水・雪代・雪崩に分けた。トランプゲームを体験した家族や友人には「防災について楽しみながら様々な場面を推測でき、防災意識を分かち合えた」と好評だった。

報告会後の3月には、地域の放課後児童クラブの小学1年生から3年生20名と「ババ抜き」ゲームをしながら、最後に残った札に書いてある事例への対処法を話し合った。高校生は3・11の体験も話題にした。班長の三浦奈美さんは「知識があれば大丈夫だと思っていましたが、それを行動に移せたことで成長できたと思います」と振り返った。

振り返りと活動の意味付け

3月の最終の授業には、鳴門教育大学の村川雅弘教授を講師にワークショップと講義を行った。探究班の異なるメンバーが4人一組になり、「1年間の活動で自分自身にどのような力がついたと思うか」を付箋に書き出し、整理して班で3つずつ全体に向けて発表した。生徒からは「地域の魅力を再発見できた」「調査の仕方を学んだ」「コミュニケーション力が上がった」「多面的な見方ができるようになった」「積極的に行動できるようになった」などが出された。村川教授からは、生徒自身が得たと考えた力こそ、現在、実社会で求められる力と合致しているのだという話をしていただいた。

小佐野梢さんは「いろいろな人と会って繰り返し話をしたから意見が言えるようになり、自分が外交的になり変わりました。活動には達成感がありました」と話す。

柏木あかりさんは「他班の活動を通して自分の視野が広がりました。決まった答えを導き出す授業が多いですが、総合学習では自分で課題を設定したからこそできるようになったことが多いです。何でその状況が起こるのか、原因と解決策を見つけることができるようになりました」と自身の変容を話した。

研究主任の奥山誠一教諭は、「事前事後に行った意識調査では、『自分に自信が持てる』という項目は肯定的な生徒の数が5月実施の3割から3月実施時には6割と倍になった。要因の一つに地域や大学、公的機関との長期的連携があげられる」と言う。

小石川正文校長は、「生徒に付けたい力を明確にしての実践であったが、思わぬ効果や予期せぬ発見もあり、生徒たちの潜在的能力の高さに気づかされた。生徒たちの知的好奇心を刺激することにより、チャレンジ精神、探究心旺盛な骨太の人間づくり、生きる力を育むための工夫をしていきたい」と話す。

高知県立山田高等学校

地域創生を目指す生徒を学校・地域で育てる

（2016年12月号）

２０１６年度より総合学習で地方創生に向けての取組をはじめた、高知県立山田高校を紹介する。同校は高知県東部、香美市唯一の高校でＪＲ土佐山田駅から徒歩５分の住宅街にある。普通科４クラスと商業科１クラス、全校生徒数４１５名の併設高校である。

高知市に人口が集中し進学校と言われる高校も同市に集中する中、郡部校としての特色を最大限に発揮し、そのアイデンティティの確立とともに、生徒が地域に関わり、50年後の地域を支えられる生徒を育てたいと、探究的な学びをカリキュラムに導入した。

協働して地域課題にチャレンジ

「チームでイノベーション」を合言葉に、１年生の総合学習は水曜６校時に行われる。前期はグループで「地元企業のＣＭ制作」に取り組み、後期は地元３市（香美市、香南市、南国市）の市長に政策提言をする。

前期は企業ＣＭ制作の単元である。

４月：オリエンテーションでは年間の流れと、濱田久美子校長が総合学習でどのような力をつけてほしいかを話し、早速インタビューの実践をした。

次の授業では高知新聞ＮＩＥ推進部長の岡林直裕さんから取材の視点や取材テクニックについての講演を聞き、実際に「自分のすきなこと、もの」をテーマに①オウム返し、②共感の確認、③一番言いたかったことの確認—をするペアワークをした。

５月：香美商工会長の寺村勉さんによる講演会。導入は前時の復習で取材のポイントを復習する。20分間が講演、５分の質疑応答、まとめとして15分で「自分が最も関心を持ったことは何か」をテーマに４００字の記事を書く。振り返りの時間を意識して講演時間を設定した。

ＣＭ制作のグループのメンバーは教員が決めた。多様な生徒と関わらせ、将来、社会に出た時に、誰とチームを組んでも自己の役割を意識し、与えられたミッションに対してチームで最大限パフォーマンスを発揮しようとする力を育みたいと考えたからだ。

情報の授業で作った自作の名刺を交換する練習や訪問マナー、企業の事前調査、取材内容の確認などをして、５名ずつ25班がフィールドに出た。班ごとに近場は自転車で、遠距離の企業には教員が車に乗せて移動した。往復の時間を含めて45分授業の中で行う取材のため、入念に事前準備をして質問事項を絞りこむ。企業理念や、仕事内容、商品の特徴などを聞くことができた。

6月：2回目の取材の後、キーワードを抽出してテーマを決め、それを発展させてCMのストーリーと絵コンテを作成した。3班ごと集まり、絵コンテを示しながら発表をした。聞き手は付箋に意見を書き模造紙に張り、同じ意見をまとめて課題を整理し改善案につなげた。

7月：（株）電通のCMクリエーターで、高知県庁等からの委託で「高知家」キャンペーン事業も手掛ける安田雅彦さんの講演を聞いた。

最も重視するのが「USP（Unique Selling Proposition）」で、消費者の購入理由となる、特徴的なベネフィット（商品そのものではなく、商品から得られるメリット）を表すメッセージや価値提案であることを学んだ。広告主と買い手の気持ちの重なりを見いだすことで、魅力的なメッセージが伝わることもわかった。

早速、各班でUSPシートを活用した。それには、担当企業の売りたいものや伝えたいことと、企業の顧客の購入理由となる特徴をベン図に書き込む。ベン図の重なりからスローガンを創造する。また、効果的なナレーションや音楽も考え、CM作成シートを完成させた。

夏季休業中：グループごとに企業に2日間のインターンシップを行う。取材先で実際に仕事を体

験することで、新たな気づきが生まれた。

追加取材も行い、まとめはデジタル化するため高知工科大学の学生の協力を得ながら行った。

9月：クラス発表は3分のプレゼンと2分のCM放映で行い、発表ごとに評価アンケートを記入した。

次時に、代表グループ8チームが学年発表をした。

振り返りの時間には「ありがとうカード」を記入した。班員全員が「○○さん～してくれてありがとう。△△より」と付箋に書いて渡した。受け取ったカードはA4判用紙に貼り付け、班で回し読みをした。それぞれのメンバーが頑張ったことを共有することができた。

さらに、ルーブリック評価を実施した。問題発見力、創造力、チームワークなど10項目を1～5のどの段階までできたか自己評価を行った。感動したこと、発見したこと、学んだことを500字でまとめた。

徳弘モータースのCM制作をした松下海里君は「はじめは車に興味がなかったけれど、取材をしていくうちに楽しくなった。編集の腕を褒められ、働いてくれてありがとうなんて仲間から言われて、協力して働く喜びを感じた」と言う。

土佐山田ショッピングセンターバリューノアのCM制作でリーダーをした公家安紀子さんは、「地域を身近に感じることができ、以前にも増してさらに好きになった。ナレーションは緊張したけれど、班員や店長さんが『良かったよ』と声をかけてくれてうれしかった」と話す。

公開発表会と前期の成果

９月17日には、ゑびす昭和横丁という香美市イベントの中でＣＭ発表会が行われた。関係企業や一般の方を含めて１５０名程が集まった。

法光院晶一香美市長などが審査員となり各賞を発表した。講評では「ハチロー染工場は、『ハチローでツクロー』のキャッチコピーがよかった。企業の魅力が伝わった」「専門家から見てＣＭの要素をきちんとつかんでいる」「地元の伝統工芸品を作っているのを丁寧に撮影して流しているところがよかった」などと評された。

グランプリを受賞したＣＭの企業、セントラル自動車の渡辺基文社長は、「体験したことは忘れない。しどろもどろで話もままならなかった高校生がお互いを理解して、活かしあって協力した成果だ。生徒、学校、行政それぞれの思いを最大限受け止めたい」と話す。

このように香美市では地元企業の受け入れ態勢も整っている。

山田高校では、前期の取組を通して、地域に出てチームで活動をすることによって、コミュニケーション力の向上と新たな協動

の輪もでき、インターンシップをすることで、さらに主体的に行動できるようになったと分析した。研修企画部長の竹内寛敏教諭は「実践の中でも特に『ありがとうシート』は、やって良かった。生徒同士が認め合い感謝し合っていて、生徒たちにとって大きな成功体験になった」と熱く話してくれた。

後期は香美市、香南市、南国市の3市長に、市の活性化策として「観光に関するアイデア」を提案する。地域別にクラスを超えてグループ編成し、各市の担当者から現状を聞いて、質問や意見交換を行った。また、先進事例として茨城県境町役場参与で慶応大学1年生の塙佳憲さんを招いて講演会もした。

市の現状や課題からグループごとのテーマを絞り、地域おこし協力隊や高知工科大学、高知県立大学の学生メンター（20名）からアドバイスをもらいながら、探究活動を進めている。

地域創生に向けた市長へのアイデア提案会は2017年2月1日に予定されている。

運営体制と指導体制

総合学習のカリキュラム改善は校長のリーダーシップのもと、教員のランチミーティングや先進校視察など、前年度から計画的に準備された。管理職と研修企画部を中心に好事例を同校の現状に合わせてアレンジしながらの開発だった。

4月からは学校と香美市が協働して行う人材育成事業である「学校地域協働本部事業」が始まり、地域や地元大学の全面的な協力も得られた。地域が一体となり地域の発展に思いを馳せる生徒の育成に乗り出したのだ。

総合学習の外部連携は、地域連携コーディネーター浅野聡子さんが担っている。浅野さんは東京都の大手広告代理店で営業や企画の仕事をしていたが、1年半前に夫の実家である高知県に移った。

「高校では新たな発見がいっぱい。高校生の成長はスピード感がある。1週間でリーダーシップが取れるようになった生徒もいた。高校生は大人の考えていることを跳び越える力がある。大人が大変だと思っていることをポテンシャルに変えている」と、現職にやりがいを感じていると話す。

一方、校内では、「周知会」と呼ばれる授業担当者（学年主任、担任、副担任、企画部）の打ち合わせ会が、毎週月曜日の2校時に行われる。ここでは指導案が提示され、教員の関わりや、ワークシートの利用方法などが共通理解される。

当初は研修企画部の提案に対して「こんな時には……どうしますか?」などの質問が多く、相当時間がかかった。チャレンジングな試みに、学年の授業担当教員からは不安や戸惑いの声もあがった。

そこで、5月からは周知会の前に、研修企画部、地域連携コーディネーター、学年主任で下打ち合わせを行う会を設け、不安材料の解消に努めた。その上で、周知会では意見や質問を出しつくしてもらい、全員で考える。教員も実践的な研修をしてみるなど工夫した。

竹内教諭は「半期の生徒の活動の様子や変容を見て、今は、できないとか、難しいなどという先生方の声は少なくなった。教員の足並みが揃ってきたと実感している」と言う。

正木章彦教頭は「生徒には、目標としている地域創生が、自身の将来の生活と結び付いていることを自覚して活動してほしい。3年間貫いた、地域から高知県、さらには日本の未来につながる課題解決学習にしていきたい。これからの社会を生き抜くために、様々な問題に挑戦する生徒の育成を目指したい」と話す。

現在、上級学年の年間計画も作成中で、2年生では地域課題をさらに深められるような課題に取り組み、3年生では生き方在り方の育成ができ、生徒の立ち位置を明確にできるような内容を検討している。

※生徒制作のCMはYouTubeで見られます。

京都府立
嵯峨野
高等学校

グローバル社会のリーダー社会貢献できる人材の育成

（2017年1月号）

ＪＲ京都太秦駅から徒歩5分にある京都府立嵯峨野高校は、京都こすもす科と普通科を併設する各学年8クラス、全校生徒983名の高校である。京都こすもす科は1996年に、大学の学問研究につながる教育を施す学科として設置された。その中の専修コース2クラスは3年間一貫してスーパーサイエンスハイスクール（ＳＳＨ）主対象として高度な理数教育を行い、共修コース3クラスはスーパーグローバルハイスクール（ＳＧＨ）主対象として自然科学、人文・社会科学を幅広く学習している。

2012年度に文部科学省からＳＳＨの指定を受け、2013年度にはＳＳＨ科学技術人材育成重点枠に選ばれ、2014年度からはＳＧＨの指定も受け、同年9月には国連からユネスコスクールへの加盟が認められた。高大連携・企業連携によるラボ活動やフィールドワークなど豊かな学びの機会を数多く設け、将来の学問研究に対する志と高みに挑むチャレンジ精神を育み、将来の知的リーダーとして国際社会に貢献する生徒の育成を全校体制で目指している。

今回は、2年生の総合学習で行われる「アカデミックラボ」での課題探究学習を中心に紹介する。

課題探究の基礎を育む

探究の基礎は全教科で育むが、特にアカデミックラボの基礎となるのは、1年生の総合学習、「社会と情報」「グローバルインタラクション」（以下、GI）である。

1年生の総合学習「ロジカルサイエンス」では、批判的思考力を育成するための独自教材を作成した。3部構成で、はじめの推論編では、背理法、仮説形成、帰納法を知ることによって文章の隠された前提を見抜く力をグループディスカッションで明らかにする。続いて、データ編では、数字のデータや統計にどのような意味があるのかを事例をもとに考察する。さらに、テクストクリティーク編では学術文書の立論（根拠のある主張）に対して、その論証過程の妥当性を問うという実践的な時間を設けている。主張と根拠を分析することによって批判的読解力や、論理的な思考力の高まりが実感できる。ディベートや論文の書き方の基礎にもなっている。

「社会と情報」の授業では前期にＩＣＴスキルを学び、後期は「嵯峨・嵐山の課題点に対する解決策」をテーマに課題研究を行う。

ミニ課題研究として地域が抱える問題をグループで出し合い、ＫＪ法で分類し、ロジックツリーにまとめる。インターネットや書籍を利用して情報収集し、問題を発見する。嵐山へのフィールドワークなども行い、発見した問題に対して新たに課題を設定して解決策を立案し、仮説を立て、プレゼンテーションソフトにまとめ、クラス発表と代表生徒の学年発表を行う。

「嵐山問題～美しい景観を守るには～」「嵐山のゆるキャラについて」など、生徒の日常と結びついたテーマが多く見られた。

授業の事後アンケートでは、「自ら課題を設定してそれを解決する能力を高める良い授業だ」「この授業に満足している」で、ともに肯定的に回答した生徒が99％いた。

ＧＩは2単位の学校設定科目で、英語での表現活動を中心にコミュニケーション能力、発信力を高める。オールイングリッシュでのプレゼンテーションやポスター発表を行う。シンガポールへの修学旅行では、現地の高校生とのワークショップやプレゼンテーションを行い、海外交流での実践的な場面が設定されている。

「アカデミックラボ」（課題探究）

2年生の総合学習は金曜日の6・7校時に連続2時間で行われ、京都こすもす科共修クラスと普通科の計6クラスの生徒がクラスの枠を超えた研究集団（ラボ）を作って課題研究を行う。

1年生の10月には希望するラボを選択して、「生活環境」「文化環境」「自然環境」「国際環境」の4分野、17ラボに分かれる。

ラボの開講時には、京都大学から講師を招き、「探究学習の課題をどのように見つけるか」「探究活動をするとはどのようなことか」など具体的な方法や、21世紀の社会で求められる力を養うための時間であることを聞いた。

ラボの人数は15名ほどで、その中でさらにテーマごとに班をつくり、8月までにはテーマを決定し、調査をして、9月~10月にはラボごとに中間発表会を行う。その後、内容を深めて1月までには研究をまとめ、2月には公開のポスター発表会を行う。

教室で行われていた「グローバル環境」ラボではChromebookやiPadなどのタブレットを各自が利用し、スピーカーノートに書かれている担当教員やTAからのアドバイスを読み、話し合いが行われていた。

浅野菜穂さんの班では「歩行者の混雑を解消するには」と題して、奥嵯峨の良さを知ってもらうには、嵐山の混雑を解消することが必要であると、掲示板の作成をゴールに定めた。第1回ユネスコスクールＥＳＤ交流会での発表も行う予定だ。

伊崎茜さんの班では、嵐山の空き地にカフェを作りたいと何度も現地に足を運んだ。５Ｗ４Ｈが大切というアドバイスをもらったので、How・How much・How long・How manyに注目してデータを増やそうとしていた。

「理科」ラボには、理科室でクマムシやカタツムリの生態を調査する班や、水の浄化実験をする班などがあった。興味ある課題の解決に向け、学術論文を読み現地調査や実験をしていた。踏切の閉まる時間のシミュレーションや、リンゴの薬用効果を追求する実験をしていた班もある。

末益夏花さんが所属する「Global Issues」ラボでははじめに個人で探究課題を提出し、その中から投票で上位５つのテーマを選び、各自が好きなテーマに集まり班をつくった。

末益さんは自分の案ではなかったが、ＳＮＳは身近であり、かつ危険が潜んでいると考え、ＳＮＳの危険性回避をテーマに取り組んでいる。「１つのことをこんなにちゃんと考えたのははじめて。今までは発表するとそれで終わっていたけれど、そこから立ち返って長い期間１つの問題を、それも複数の人で掘り下げる経験は貴重。中間発表会では『未然防止の具体的な対策は？』とか『海外に広げたら？』などの質問や助言があった。だから、今は被害者窓口ラインに連絡して被害事例の聞き取りをし、アプリ内でのフィルタリングを可能にするにはどうしたらよいかなどの情報を集めています」。中間報告会が探究を深め、新たな気づきの場になったと話す。

笑顔が人に及ぼす影響について探究している藤原彪人君は、「将来は商社に勤めて、会社のトップになりたい。どんな仕事でも人と協力することが大切で、自分の意見を納得してもらうことや、折り合いをつけることなどとても大事なことだと思う。ラボでの経験は吸収することが多く、人間力を上げていくことができる時間だと思う」と言う。

校内での模擬国連の体験を生かして模擬国連の全国大会に出場した樋口夏海さんは、「選択クラスで模擬国連を体験して、知らなかった人と関わり、模擬国連に出場することになってからは練習会で他校生とも議論しました。これらの経験は刺激的で自分がもっと成長したいと思うようになりました。自分の意見をしっかりと持ち、グループの中で意見のすり合わせをして確認することが大切だと感じています」と話す。

同じく模擬国連に出場した梶川琴音さんは、「今回のテーマは『サイバー空間』でした。自分の住んでいない国、スペインのことを調べなきゃならなくて、情報量が少ないので、英語の論文を訳すなどリサーチに時間がかかりました。でも、その影響でニュースの見方が変わり、関心がなかったことが、探究していたことにつながって『ああ、あの事か』と思うことが増えました。授業中も同じように、知っていることどうしがつながっていきます」と話す。

2年生でまとめた論文は、3年生の学校設定科目「課題錬成」

（2単位）で、英語というツールを使って8分のプレゼンテーションと5分の質疑応答をする。英語での発表は覚えることはできるが、質疑応答までするには壁もある。

6月の校内発表会では、15教室で64班が発表し、2年生も聞き手として参加した。外国人留学生のTAがルーブリックを使って評価（試行）し、見学者がコメントペーパーに気づきや改善点、感想などを記入してフィードバックをした。

この成果は、外部のコンテストへの参加や、海外5カ国の連携校との交流発表として様々な形で発信されている。

教務部のアカデミックラボ担当の神脇順子教諭は、「科の違う生徒がクラスを超えて活動することや、外部の人との交流で協働する力が付いてきたと感じる。課題研究の内容をさらに深めたい。また、肌感覚の成果や変化を可視化して他の教育活動への広がりや他校への広がりを目指したい」と成果と課題を話す。

校内組織の工夫改善

教師もラボには全校体制で関わる。4月の担当者会議でラボの内容や進め方の説明を行う。また、月1回のラボ担当者会議に加え、8月の職員会議では各ラボの担当者が中間報告を行い、情報共有をする。教員も探究やアクティブ・ラーニングの視点による授業改善に努めている。

そして、全校体制で多様な研究指定事業を推進する教員の組織づくりにも工夫がある。同校は2015年度より校内体制を大きく改編し、教務部、研究開発部、教育推進部の3部を教務部に統合し24人の大所帯とした（教員数約70人）。全体をまとめる部長の下に、SSH、SGH、広報、教務の4人のプロジェクトリーダーを置き、事業ごとに仕事は分担するが、24人が共通理解のもと動ける組織づくりをしている（京都府の多くの学校では、教員は一人一分掌を担当）。

山口隆範校長は、「先生方にはビジョンを示し、一緒にやりましょうと話します。教員の負担感を少なくするためにはスクラップ&ビルドが必須。その上で教員を信頼して任せます。教員は探究の質を高めようと試行錯誤します。論理展開の精緻さ、どこまで教えてどこから考えさせるか、教員も手探りで、教え合いの連続でした。本校は探究のできる教員を輩出することも使命だと考えています。

今の受験学力と探究とは別の尺度で、知識・理解か思考・判断・表現なのかの違いがあります。知識を持っているだけではなく、その知識を使える生徒、知識が変わってもそれを使って新しいことができる生徒を育てていきたい」と話す。

東京都立南多摩中等教育学校

探究のスパイラルで磨くライフワークプロジェクト

（2017年2月号）

6年間を貫いて総合学習での探究をスパイラルにつなげている、東京都立南多摩中等教育学校を紹介する。

同校はJR八王子駅から徒歩12分の甲州街道沿いに位置する。1学年4クラス、全校生徒数930名の学校である。

探究的な学びの核となっているのは総合学習「フィールドワーク」で、前期課程（中学校段階）は2単位、後期課程（高校段階）は1単位で行う。前期課程では課題設定、取材へ向けての準備、取材、取材後のまとめ、発表という過程を学年ごとに設定する。

1年生は「地域調査」をグループで行い、ポスターセッションで発表する。2年生では人間の創意工夫がつまった「モノ」について探究して冊子（本）としてまとめる。3年生は仮説を立てて検証活動を行い、プレゼンテーションソフトを使って発表する。

後期生は「ライフワークプロジェクト」として、未来の自分につながる課題を見つけだしてテーマにする。ゼミ活動の中で個人のテーマを掘り下げ、論文としてまとめるという流れだ。

成果発表会

11月19日（土）には、生徒が主体で企画する一般公開の成果発表会を開催した。1年生から4年生が縦割りで、10分の発表と5分の質疑応答を16教室で行った。教室の後方には保護者等参観者がずらりと並んだ。約550世帯の参観があった。クラス発表後は、全員が体育館に集まり、後期生のライフワークプロジェクトのステージ発表が行われた。

前期課程のフィールドワーク

1年生ははじめてのフィールドワークで学校周辺の地域調査を行う。学校の中だけで学ぶのではなく、実際に現地へ赴くことを大切にする。

次に、入門編として（株）自然教育研究センターのスタッフ

を外部講師に招き、フィールドワークの方法を学ぶ。高尾山へのフィールドワークを例に、テーマの見つけ方、探究内容の膨らませ方などをワークショップ形式で学ぶ。テーマは日常の中にあり、ふっと引っかかったことをきっかけにするというのが自然で確実であることを体感する。

その後、図書館での調査の仕方、パソコン室でのネット検索の方法などを学び、班ごとにテーマを決めて校内での情報集めをする。7月には1日かけて、八王子市内の地域調査に向かう。

あらかじめ役割分担や訪問先へのアポ取り、インタビューの質問項目などについては計画書に記入する。当日は高尾山山頂まで行く班や八王子城跡を調査する班、商店街の老舗を訪れる班があった。

2学期は再び外部講師を招き、発表のためのワークショップを行う。そして今まで調査してきたことを模造紙や画用紙でまとめ、発表練習をする。聞き手は、発表のさらなる改善のために、良かったところと、変えるとさらに良くなる点をカードに書いて発表者に戻した。

成果発表会でのテーマは「高尾山の天狗と名物について」「八王子の化石と地層の特徴や種類について」などがあった。劇仕立てや紙芝居の形式や、フリップを使用してキーワードな

どを見せる工夫をされた発表が見られた。1年生の荒川優夢君は「自分の分からないところが解明されていくのが楽しい」と話す。

2年生は「モノ語り」と題してモノを探究のテーマにする。針金を3回曲げただけのゼム・クリップ、ミウラ折りの地図などを例に何気なく使っているモノが生まれるまでには多くの思考の積み上げがあったことを知り、マッピングで思考を拡散させ、焦点化して探究テーマを決める。その後、東京探索などで情報を集める。モノにまつわる歴史や文化、人々の創意工夫について調べ、実物に触れ、モノづくりを体験してテーマに迫る。「かんざし今昔」「蝋燭について」「江戸切子」などの発表があった。最終的には班で分担して調べた内容を原稿にして、カラー写真も入れて約270ページの冊子にまとめる。

3年生は身近なところからテーマを見つけ、仮説を立て、実験・調査を行い、科学的な検証活動を行う。決して大がかりな実験をするわけではないが、物事を論理的に考える探究活動の基本を学ぶ。具体的には「観天望気」「ダンゴムシの交替性転向反応」などの発表があった。

指導体制は、前期課程では4クラスを担任と副担任の計8名の教員で担当する。基本のワークシートはあるが、毎年担当者が改善をしているという。フィールドワーク推進室前期主任の藤田信幸主任教諭は、「運営も生徒が主体で行うので、自主性が高まる。興味関心が広がり、試験の点数に関係ないところで頑張れる生徒が多くなる」と話す。

自己の将来の姿を見据える

後期生はライフワークプロジェクトとして11のゼミに分かれ、自分の未来につながる課題を探究する。前期課程で培った①テーマ設定、②調査研究、③分析・考察、④発表、⑤評価・成果の還元のサイクルを個人レベルでもできるようにする。ゼミの人数は15人ほど。総合学習の時間には、中間報告を繰り返し、議論し合いながら内容を深める。論文は研究の動機、方法、計画、過程、結論といった構成を整え4000字にまとめ、フィールドワークの集大成とする。

4年生の小泉崇裕君は「人を引き付ける短いメロディ」のテーマで、風呂が沸いたのを伝えるメロディなどを、楽譜とコード進行にして視覚化し、人を引き付けるメロディに迫った。

「総合学習では、すべてゼロの状態から自分の興味のあることができるという楽しさがある。ピアノを弾くのが好きなのだが、音は目で見ることができないので、データにして見える形にして法則性を見いだしたい。その結果を生かして、最終的には作曲をしたい」と抱負を語り「何人もの人に話を聞いたり、音楽を聞いてもらったりしたことで、コミュニケーション力も付いた気がする」と続けた。

5年生の森淳朗君は1年生で八王子の老舗、2年生で金箔、3年生でコンビニの数と商品調査について探究をした。

「班長を経験したので、リーダーとしてまとめる力が付いたと思う。卓球部で部長として部員をまとめるのに役立っている。下級生の頃は、上級生の発表に影響を受けた。1、2年生ではポスター発表、3年生からプレゼンテーションソフトを使っての発表で伝える力が付いた。

4年生からのゼミではゼミ内で発表をする機会が増えるので、うまい見せ方や伝え方が自然に身に付く。ライフワークプロジェクトは興味あるテーマを選択するので進路にも生かせる。また、個人で行ってはいるが、ゼミ内では他のメンバーの探究内容は全部知っている。毎週深め合っているのだから」と振り返った。

現在は「災害時にメディアはどのような役割分担をするべきか」のテーマで研究を進める。テレビ、ラジオ、新聞、インターネットのメリット、デメリットをデータや放送局への聞き取りによって比較検討して、災害への備えについて考察している。

5年生の道下瑛陽君は「プログラミング言語の種類と差異」と題して、数多くあるプログラミング言語の相違を考察し、それを踏まえて統一化の実現可能性、その方向性と問題点を英語で発表した。

「最近英検2級に合格したばかりで、特に英語が得意というわけではない。でも、今回は英語で論文を書いて、それを日本語に訳した。発表する時は代名詞を使わない方が分かりやすいと思ったので、『プログラミング・ランゲージ』という言葉が何回も出てきて舌を噛みそうだった。もちろん英語の勉強にもなった」と話す。

内容を掘り下げる過程について聞くと、「ゼミ担当の先生が首都大学の先生を紹介してくださり何回か会って話を聞き、その後はメールでアドバイスを受けた。ただ、はじめは心が折れるかと思うくらい『あなたにとってのプログラミングは何ですか？　ここはどう？　ここはどう思っているの？』と矢継ぎ早に言われた。でも、そのうちに、ロジックが通るというのは、こういうことだと分かり、大学ではこんなことが学べるんだと思いました。大学に行ってもっと学びたいと思うようになりました」と言う。後日、東京都科学の祭典でも発表を行った。

5年生担当の橋本瑠美子主任教諭は、「後期生は生徒個々のテーマが広く深くなる。教師自身も自分の興味とは関係なく、様々な分野を学ぶ機会になります。向学心が湧き、間接的ではあるが授業改善につながっていると思う」と分析する。

フィールドワーク推進室後期主任の青嶋康文主幹教諭は、「探究の過程で生徒に刺激を与えると、論理的で創造的な思考ができるようになる。総合学習の成果を卒業生の追跡調査をすることで明らかにし、近い将来には、卒業生が母校に戻って本気で後輩に話をするという継続性も模索したい」と新たなサイクルの構築について語る。

同校の卒業生で、現在米国のコロラド州立大学保全生態学部1年生の舟橋輝昂さんは、「フィールドワーク活動は進路選択に大きく影響しました。研修旅行で行った知床では、現場だから分かることが多く、例えば、知床五湖の高架木道はアメリカの国立公園の木道と異なり熊との接触を避けるためのものでした。観光と保護の両立には様々なアイデアがあることを知り、もっと外に出て、見て、聞いて新たな事を知りたいと思いました。この活動で読んだ論文の著者ロバート・トリート・ペイン博士に影響を受けてアメリカの大学に進学し、国立公園をフィールドに研究したいと思いました。大学卒業後はアメリカで経験を積んで、いずれ知床財団で働きたいと思います」と言う。

永森比人美校長は「探究をブラッシュアップするために、総合学習フィールドワークと教科との関連性を重視したい。各教科で学んだことが総合学習に活き、総合学習で研究したことが各教科で活きるマネジメント。また、前期課程で探究の基礎を丁寧に何度も繰り返し、後期課程ではライフワークプロジェクトのテーマを自己の将来の姿や社会との関わりを見据えた中で設定し、生徒一人一人の在り方生き方とをつなげたい。6年間を貫く総合学習の質の向上に向け、改善策をつくり、課題設定やテーマ設定に力を入れていきたい」と話す。

現在、学校改革を目指し、期間限定で「南多摩の未来を考えるプロジェクトチーム」を立ち上げ、検討をしている。

島根県立
出雲
高等学校

複数教員が関わる指導体制の確立

（2017年7月号）

島根県立出雲高校は、2013年度からスーパーサイエンスハイスクール（SSH）、2014年度からスーパーグローバルハイスクール（SGH）の指定を受け、全校体制で探究活動に取り組んでいる。理数科1クラス、普通科7クラス、全校生徒数959名の進学校である。「探究」授業の流れとそれを支える全校指導体制、同校の「学びのスタイル」を紹介する。

3年間を貫く探究科目

1年生は基礎科目「SS基礎」（総合的な学習の時間の代替）を全クラス1単位で行い、探究的な学習を進めるうえで基礎となるスキルを習得する。

1学期には、探究活動を支える基礎的知識を身に付ける。ロジカルシンキング演習では「学校に制服を着てくるべきである」「メールやSNSだけでも友情は育める」などのテーマに対して賛成か反対かを理由や根拠を添えて発表する。また、情報整序演習では「地球環境の保全のために高校生ができること」などのテーマで、KJ法で班の意見や持ち寄った情報を整理し、班としての解決策や提案をまとめる活動をする。さらに、情報検索演習では文献検索やインターネット検索、情報リテラシーについての理解を深める。

2学期からは、1班5名で調査・探究活動に取り組み、探究のプロセスを体験する。2016年度の学年の統一のテーマは「日本の科学技術を活かして、私たちの生活を豊かにするには」で、2年生から始まる本格的な探究活動へ発展させる橋渡しとなる。

研究テーマの設定→情報収集→中間発表→振り返りと再度の探究→発表準備→クラスでのポスター発表→全校発表会→振り返り、という流れを経験する。班の研究テーマは幅広く、「介護で広がる島根の未来」「品種改良と食生活の向上」などがあった。

2年生からは、理数科と普通科理系の生徒は「SS探究」、普通科文系クラスは「SG探究」として本格的に探究が始まる。2年生は2単位、3年生は1単位で行う。

2年生は2時間連続授業をする。5月までの12時間はディベート演習をし、論拠を分かりやすく主張する力を養う。同校オリジ

ナルのテキストを使用し、ＫＪ法を用いた意見集約→調査活動→立論、反駁原稿の作成→ディベート大会→振り返りをする。２０１７年度のテーマは、社会課題を踏まえての「日本は18歳未満及び高校生のＳＮＳ参加を禁止すべきである」だ。たとえば、テキストの「データカード」のページには見出し、メリットorデメリット、要点、出典、記事の見出し、内容が書き込める欄があり、資料の収集に利用できる。

ディベート大会の時には、対戦班以外の生徒は審査員となり、審査用フローシートを使って、両チームの「論理性」「説得力・独自性」「表現力」を観点別に3段階で評価する。終了後のアンケートからは、生徒のコミュニケーション能力の向上が読み取れる。

6月からは課題研究が始まる。ＳＳ探究は「数理情報」「自然科学」「医療・健康・生活科学」の3つのゼミに分かれ、ＳＧ探究は、「国際政治・経済」「環境・エネルギー・食農」「地域文化・多文化共生」の3つのゼミに分かれる。さらにゼミの中で5～6人が1グループになり、探究を進める。流れは、研究テーマに関するゼミ別講義→調査・研究→ゼミ別中間発表会→振り返りと再調査→ゼミ別成果発表会→校内成果発表会→振り返り、となる。

3年生では、2年生でまとめた成果を再構成して発表する。理系のＳＳ探究グループは、7月に地域の小中学生向けのイベントで演示実験を交えながら課題研究の成果を発表した。対象年齢の幅が広いのでどこに焦点をあてればよいか難しいが、簡単に伝えようとすることで、自らの研究内容をさらに掘り下げて理解することができたという生徒もいた。

文系のＳＧ探究では、島根大学の留学生に向けて研究テーマを英語で発表して、その後、意見交換をした。島根県や出雲市といった地域を題材に探究したグループは研究成果を政策提案という形にアレンジして、出雲市の職員に向けて発表した。アドバイスを受けた箇所を修正し、翌日は出雲市長に向けての政策提言をした。

２０１６年度は、地方財政「ゆるキャラとふるさと納税を関連づけて出雲市の財政を再建する」、出雲の魅力化「出雲に宿泊してもらうには～宿場町出雲の復活～」、地域産業「温泉地の改造計画、天然染料を後世に伝える」など、高校生の視点で地域創生の提案をした。

全校指導体制

「探究」の授業担当はクラスの副担任が行う。主に進捗管理、目標管理を担当する。探究期間が6月～翌年2月と長期間に及ぶので、授業ごとに到達目標を設定して、それを生徒に提示してから活動を始める。たとえば、「今日の授業では研究テーマの候補を3つ挙げることをゴールにしよう」や「本日2時間で、研究計画表を作成しよう」という感じだ。

内容の指導をするのはアドバイザー教員で、昼休みや放課後を利用して生徒からの専門的な相談を受け、内容に関わるアドバイスをする。各グループに1名のアドバイザー教員がつくので、1人の教員が1～2グループを担当することになる。

アドバイザー教員に戸惑いを感じる教員はいないかと尋ねると、昨年度まで3年間、教育開発部長として事業を推進してきた竹﨑修次教諭は「確かに研究テーマが必ずしもアドバイザー教員の専門分野と一致するわけではないが、それが、教員に無用なプレッシャーを与えず、気楽に生徒と活動できる理由となっている。共に学ぶという姿勢で生徒との活動を楽しんでいる教員もいる」と答えてくれた。

さらに、同じ分野のゼミ（6分野）を束ねるゼミ主担当教員は、外部指導教員（大学教員）などにメール等で相談をする窓口となる。たとえば、「生徒が決めた研究テーマで終着点が見つかるかどうか、見通しが立つかどうか」や、「先行研究がどの程度あるか」「アンケート調査の質問項目やフィールド調査をする場合の調査対象は適切か」を相談する。外部講師からアドバイスを得ることにより、研究の質を保証している。他にもゼミ主担当教員はゼミ別講義やゼミ別発表会の運営もする。

一方、外部講師は中間発表会や成果発表会に参加して指導助言をしてくれる他、時間が許せば授業時間に松江から来て、直接指導してくれることもある。また、地元の大学院生がゼミに関わり、専門的なアドバイスや生徒の相談にのり、ピア・サポートをしてくれる。

校内の外国人教員は、学年全体の研究全般に関わり指導助言をする。レポートの要旨を英訳する時の指導もする。

以上のように、学校内外の複数の教員が専門性を活かして関わることによって、生徒も多角的・多面的に思考できるようになったというアンケート結果が出ている。

情報の共有

職員会議や年2回の教員研修の他に、様々な方法でベクトル合わせをしている。

①朝礼での伝達：毎週、週初めの職員朝礼時に、課題研究の担当者が今週の生徒の活動について簡潔に説明し、全教員への周知を図っている。

②部会での細案作成：毎週水曜日6校時には教育開発部会を行い、8名の部員で長期計画や、翌週の授業の進め方について打ち合わせを行う。

③副担任（授業担当者）の打ち合わせ：木曜日の7校時（ホームルーム活動の時間帯）には、学年ごとに副担任が「SS・SG会」と称する会議を行う。教育開発部の部員が各学年の副担任を兼ねているので、前日練った案を提案して翌週の細案を決めていく。各グループの研究テーマや実験・観察、インタビュー、フィールドワークなど活動の進捗を共有し、たとえばフィールドワークを引率する教員に偏りがないかなど、業務分担についても話し合う。

④全教員にメール：今年度からは細案を全教員にメールで共有することも始めた。全教員が関わる探究活動だからこそ、情報共有を重視している。

⑤外部発表を校内でもプレゼン：外部での発表や報告した内容を漏らさず職員会議で報告する。アンケート調査の結果なども、成果と課題をまとめて逐一提示する。

⑥ステイクホルダーへの周知：校内の教員だけでなく、ＰＴＡの会合での報告、中高連絡会で中学校の教員へのプレゼン、県教委の掲示板への定期的な事業の紹介、講演会や発表会の外部機関・保護者・他校への案内、ＨＰへの掲載など情報発信をこまめに行う。

課題研究での生徒の学び

「探究」の授業で生徒はどんなテーマに取り組み、どんな力が育まれているのだろうか。

理数科3年生の原咲良さんは、「出雲に生息する微生物が産生する物質による膵がん細胞の死滅」と題して探究を行った。島根県は膵がん患者が多いからだ。

教室、校内の庭園「久徴園」、班員の自宅などにシャーレを置いて22種類の微生物を採取し培養すると、1つのシャーレの細菌が膵臓がんの細胞を増やさないことがわかった。

原さんは「発見できてうれしかった。島根大学で生化学の知らないことを学べ、英語で研究発表をすることもできた。難しかったのは、実験の結果は出るけれど、なぜこんな結果になるのかを考察するところ」と振り返り、「医師を目指している。医師は治療する人というイメージだったが、体験から新たに医療研究の分野にも興味がわいた」と話す。

普通科文系3年生の寺本真由子さんは、「フェアトレードを主流にするには」と題して探究をした。発展途上国の児童労働についての講演を聞いて、食べ物に不自由することのない自分たちの生活とのギャップに衝撃を受けた。フェアトレードの現状を知り、現在の日本での取組を見直して、日本でも主流にできるよう提起することを目的とした。商店や消費者への聞き取りでフェアトレードが普及していないこともわかった。

4月30日にはフェアトレード商品を広めるために、市内の「さんぴーの出雲」で、国際協力機構（JICA）島根デスクと共同でイベントを行った。午前中は、地域の方と一緒にチョコレート作りをした。午後からは、青年海外協力隊の体験談と、寺本さんらの研究成果発表をした。その後、同校の生徒がモデルとなり、ウエディングドレスやワンピースなどを着てフェアトレード商品のファッションショーを行うことで、その重要性を訴えた。

寺本さんは、「看護の道に進みたい。何かに苦しんでいる人を救いたい、手助けしたいというところが今回の活動と共通していた。校外の人にも伝えられて充実感があった」と話す。

普通科文系3年生の内部竣哉君は、「多文化共生社会の実現のために私たちに何ができるか」をテーマにした。人口減少、少子高齢化は加速しているが、島根県では唯一出雲市の人口が増加している。要因の1つが外国人の急増で、同市にはブラジル人など外国人約3千人が登録されている。そこで、多文化共生の全国の現況、先進的な取組を調査した。

出雲市立塩冶小学校の宮廻祐子教諭への取材では、11人の指導スタッフで60人ほどの児童の日本語教育を担当しているが、スタッフの不足を感じているそうだ。日本人児童との交流や居場所づくりが必要であることがわかり、6月にはけん玉などの日本の遊びや茶道などの日本文化を紹介するイベントを企画し、実施した。

内部君は、将来は教育分野へ進みたいと考えている。「教室に外国の子どもがいたら後押しができるような教師になりたいと気づいた」と目標がより明確になったと話してくれた。

出雲高校の学びのスタイル

「探究」授業で行う課題研究が主軸となり、通称「出雲スタイル」①協働的な学習、②客観的根拠に基づく思考、がつくられてきた。6つの「育成すべき資質・能力」を記したポスターが学校内の目につくところに掲示されている。日常的に視覚化して目標を共有することは、生徒の意識改革と教師の授業改善につながっている。

竹﨑教諭は「探究を始めてから、進学校で多く見られる知識注入型の授業スタイルから、生徒の学びを中心としたスタイルに変わりつつあります。発問を大切にしながら生徒に思考させ、アウトプットさせる時間を取り入れるという授業スタイルです。教員間で多少の差はあるにせよ、授業改善に向け確実に走り出しています」と言う。

どの教科でも、グループワークやディベートの手法、プレゼンの手法を授業のどこかの場面で応用する取組が増えた。意見集約をKJ法で行い、ホワイトボードを使ってグループディスカッションをする授業も見られる。

課題研究の振り返りから

「探究」オリジナルテキストには研究の進め方やレポートの書き方に加え、同校で開発した評価のルーブリック評価表や振り返りシートも綴じられている。生徒は何を期待されているのか理解でき、到達度レベルを見て自己の成長の度合いを知ることができる。

竹﨑教諭は「新しいことをするには教員の負担も増えるので、確かに最初は難しく、とまどいも感じる。でも、生徒の雰囲気が変わり学校全体に活気が見られ、教科の授業では細部まで指示しなくても生徒同士で協力して考えられるようになった。部活動も同様で、昨年度は県の総合体育大会で男子が総合優勝し、創部68年目の野球部は夏の甲子園大会に初出場を果たした。今後は探究の質をさらに高められるような策を講じ、アドバイザーや大学院生などから授業中に指導を受けられるような指導体制づくりを考え、生徒全員がより主体的になるように仕掛けていきたいと思う」と話す。

教育開発部長の大賀学教諭は「組織として動けるよう、仕事の割り振りと部内での共有化には心を配っている。今後は、出雲高校で実践できたことを県内の学校に普及していくことと、SSHやSGHの指定が終了した後も同様の実践が可能になるように推進していきたい」と語る。

石川県立金沢泉丘高等学校

教科を横断した探究の取組

（2017年10月号）

石川県立金沢泉丘高校は、２００３年度からスーパーサイエンスハイスクール（ＳＳＨ）、２０１５年度からスーパーグローバルハイスクール（ＳＧＨ）の指定を受け、文理融合の探究活動に取り組んでいる。「心身一如」を校是とする、各学年理数科１クラス、普通科９クラス、生徒数１１９９名の進学校である。

ルーブリックで高みを志す

ＳＳＨの取組は、未来を切り拓く国際的な科学技術系人材の育成を目指す。４期２年目通算15年目を迎えて思考し、行動することを重視し、生徒が自ら企画運営するＳＳＨ委員会や自主的探究活動、フューチャーラボで興味・関心を喚起する。

役割の異なる３種類のルーブリックは、生徒が主体的に学習し、企画・交渉・運営できるよう利用している。ビジョンルーブリックは、イラストと言葉で未来ビジョンを4段階で示している。最終目標には将来の姿が描かれている。単なる評価のためだけではなく、将来の研究者・技術者として必要な資質・能力の伸長をも見通せるよう作られている。

長期ルーブリックは3観点（探究する・思考する・行動する）8段階評価で、プログラムごとに積み上げ式で行う。どこまで達成されているのかを視覚化することができる。さらに、総合学習の単元ごとに短期ルーブリックが作られ、パフォーマンスや成果物などを自己評価、相互評価、他者評価でき、日常的にも活用することができるシートが用意されている。

総合学習はＡＩ（アドバンスト・インテリジェンス）プロジェクトという名称で、課題研究を進める。２年生では5回の研究発表会（6月：テーマ発表会、7月：中間発表会、11月：校内発表会、2月：ＡＩプロジェクト英語ポスター発表会、日本語ポスターセッション）もあり、これを支える教科横断的な学校設定科目もある。研究では何が言いたいのか、どのような手法を使うのかを他者にまとめて伝える。ジグソー法を使って、様々な研究分野を知る。近い内容のテーマを選んだ生徒同士で班を作り、仮説を設定し、研究計画を作り、発表する。相互評価をして良いところを自分の班の研究に取り入れることを繰り返す。

理数科3年生の徳田駿君ら6名の班は、「酸化亜鉛による色素増感太陽電池の半導体の代替」を研究テーマに、従来の色素増感太陽電池をより低コストである酸化亜鉛（ZnO）を材料として作成することを試みた。

小学生の頃から科学の研究者に憧れていた德田君は、「課題研究を経験して情報収集の重要さを痛感しました。検証実験をして結果が出ても、実は先行研究があり、時間の無駄だったこともありました。でも、そんな中にも、先行研究と結果が異なり、新たな違いを明らかにして考えを深めることもありました。この体験は、研究者への夢を後押ししてくれた時間でした。研究ではチームで分担してそれぞれの得意分野を活かすことも学びました」と話す。この他、「土砂災害モデルを用いた〝対〟地滑り防災方法の再現」「組合せ最適化による東京オリンピックの問題解決」などの研究があった。

全校体制での探究

普通科は、1年生全員が課題研究の基礎としてSG思考基礎（3単位　学校設定科目）とSG探究基礎（1単位　総合学習）を行う。

2年生の希望者選抜で文理混合のSGコースは、SG探究（2単位　総合学習）でグローバルな社会課題の解決に取り組む。理系4クラスは理数科の、文系3クラスはSGコースと同様の課題研究を総合学習の1単位で行う。

3年生はSG探究活用（1単位）でそれまでの研究のまとめと、

英語でのポスターセッション、政策提言として論文をまとめる。

総合学習の3年間の流れは、1年生のSG探究基礎では、「プレゼンテーション基礎」として効果的な伝え方を学び、大学の学部・学科調査（進路希望とは一致しない）を通して情報収集、プレゼンの作成、伝え方、聞き方を学ぶ。9月には「統計入門」でデータの使い方、分析方法を学び、PPDAC（課題解決のためのフレームワーク）を体験する。10月からはローカル課題をテーマに探究のプロセスを体験し、まとめの発表をする。

官公庁やプロバスケットチーム、近江町市場に連絡を取った班、金沢駅での街頭インタビューをした班があった。フィールドワークは生徒が自主的に動けるようにガイドラインを作り、マナーや危機管理の徹底をした。

「外国人増加への対応」を探究した班は、北陸新幹線開通やグローバル化に伴い、石川県を訪れる人が倍増しているが対応が進んでいないことを課題とし、海外からの観光客に面接アンケートを行い、対応策を提案した。この他「宿泊施設の不足」「白山の過疎化と高齢化」等のテーマがあった。

2年生のSG探究は、2単位で1年間じっくりと課題探究に取り組む。1年生の2月から課題設定の準備をはじめ、3月には国連大学で講義を受けて、研究テーマをみつけるヒントを探し、4月には各自が作成したレポートをもとに研究したいテーマを発表する。

6月には京都大学思修館を訪問し、大学院生に計画を発表して助言をもらう。夏季休業中には国内フィールドワークで情報収集をする。調査内容を整理して10月には米国への海外研修をする。まず、プリンストン高校で発表し、意見を受けて改善して、翌日は同大学で現地の大学生と意見交換をする。帰国後、すぐにユネスコ主催のアジア生物文化多様性国際会議に参加し、ユースセッションでは七尾高校、タイ、ロシアの学生と英語でディスカッションした。

11月には金沢大学の大学院生を招いて中間発表会を行い、助言をもらった。2月には研究大会（県内外から100名を超える高校関係者の参加有）で口頭発表をした。

3年生は6月に日本語での口頭発表、7月には英語での成果発表会が行われ、運営も高校生が行った。他校の高校生、東京外国語大学や金沢大学の留学生、教育関係者約80名が参加し、2年生も聞き手になり、オールイングリッシュで会が進行した。発表後に生徒からは「人に納得してもらい、理解にまで導く難しさを感じた」「やりがい、達成感があった」という感想があった。中には「米国でのフィールドワークが足りずに心残りだった」というものもあった。

SGコース3年生の宮本佳奈さんは、「珠洲市×農水産学部 VS 人口減少」をテーマに探究した。珠洲市の人口消滅可能性が全国1位だと知り、この問題を探究することにした。

「楽しく、充実していました。でも、仮説を4回も変更しなければならなくて苦労しました。はじめは、市の課題意識や対策が甘いのではないかと考え、市に政策提言をしようと考えました。でも珠洲市長に現状を聞きに行くと、すでに医療や福祉の充実など住みやすい環境づくりは考えられていました。

そこで、知名度の低さが原因ではないかと考え、『明太子と言えば～博多』などというキーワードが必要だと考えました。これを中間報告会で発表すると、地域とキーワードを結ぶのはいいが、観光客と移住者確保は全く違うと指摘され、1年間に80人の移住者を迎えるにはどうすればよいのか、班で再度ブレストをして農学、芸術家、シニア、IT企業に絞りました。しかし、これも焦点化できていないのではないかという指摘があり、最終的には地元金沢大学の「ブランド能登」の一つとして農学部を珠洲市に作ったらどうかと考えました。金沢大学の学長にもコンタクトを取り、考えを伝えに行きました。

SGH甲子園での発表、北陸新幹線サミットでの発表なども経験し、『高校生でもこんなことできるんだね』とかけられた言葉がうれしく、自信につながりました」

教科横断の取組

課題研究を実施するために、実施初年度には、ワーキンググループでプログラムの検討をした。教員間のベクトル合わせを密にするため、実際の課題研究を想定して、事前に教員が課題研究を実践した。異なった教科の教員がグループをつくり、探究の過程をたどり、スライドを作りプロジェクターを使って発表し、質疑応答をした。課題研究に必要なことは何か、どのような点に難しさがあるのかを体験を通して探り、授業に生かした。

課題研究に向けての基礎づくりを目的にした、普通科1年生の学校設定科目SG思考基礎（3単位）では、理科、地歴・公民科、情報科のＴＴで授業をする。エネルギーや環境問題、グローバル課題に文理融合の視点で演習形式の授業を展開する。ＳＧＨ推進室長の石尾和彦教諭は、「教科内では何となく共通理解ができていたことが、ＴＴで授業をする時にはどんな生徒を育てたいのか、それに向けて自分の教科ではどうアプローチするのかなどを言語化する必要があった」と話す。どうすれば文理両面のアプローチができるかを検討するため、お互いの教科の理解を深め、融合させていったという。

理数科でも人間科学（学校設定科目）では理科、家庭科、保健体育科、地歴・公民科でのＴＴの授業がある。ＳＳＨ推進室の前田学教諭は「教科によって見方や軸足が違い、多様性の豊かさを感じる。文理融合が生徒にも教員にも起こり、新しい価値を生み出せていると感じる」と言う。

教科間での連携授業は、自分の教科を見直すきっかけとなり、教科の授業にも変化が生まれる。たとえば、理科の授業ではピアインストラクションや2～3人で議論することが日常的になっている。「考えてみて?」という教師の問いかけに、生徒は理由を付けて意見が言えるようになってきたという。

前田教諭は「ライブ感を狙い、学校でしかできないことを提供している。理科では教員全員がオープンエンドの実験をデザインして授業改善を進めています」という。

プレゼンスキルの向上

同校の探究では、文理共に、発表の機会が豊富に設定されている。3年間で最低でも10回の発表の機会がある。班によっては校外での発表もするので、かなりの回数になる。プレゼン形式は様々だが、必ず質疑応答があり、研究の方向性を決めるきっかけや、批判的なものの見方ができるようになり、内容に深みが増すという。

これには探究専用のスタジオの存在も大きい。教室二つ分ほどの広さで、6角形の机が置かれている。何人で座っても、お互いの顔が見える配置だ。前後の壁は全面がホワイトボードで、マジックで書きこめ、スクリーンにもなる。椅子は4色で、ジグソー法展開時などには班分けができる。イーゼルは、卓上のホワイトボードを乗せて利用している。Wi-Fi環境の整備もされている。

石尾教諭は「生徒の力が伸びているのは実感するが、エビデンスを数値化（視覚化）できるような評価システムを構築したい。担当者が替わって、経験に差があっても生徒に同様の力を付けられるような、ガイドライン的指導書も作り、他校でも活用してもらえる開発をしていきたい」と話す。

発表を要所で行うことが生徒のモチベーション維持につながっている。また、質疑応答力が高まり、多様な意見を受け入れ、改善し振り返り自分たちの中で消化して新たな発信をしている姿が見られた。多角的に物事を見て、考える力が育まれていると感じた。

山形県
教育委員会

教育委員会が推進する探究型学習

（2017年11月号）

山形県では探究型学習に重点を置いた学びを充実させるために、2018年度に県立高校3校に探究科を、他の3校に普通科探究コースを新設する。各校には探究型学習の推進役として中核教員を置き、先進校研修として県外への長期の視察などを行い新たなカリキュラム開発などの準備を進めている。6校の取組を全県的な探究型学習の推進につなげていこうとする、山形県教育委員会の取組を紹介する。

探究への転換の経過

山形県では2015年5月に第6次教育振興計画（2015年度からおおむね10年間）を策定し、主要施策の一つとして学力の向上に向けた取組をあげ、確かな学力の定着と中高連携の取組の推進、自ら考える主体的な学習への転換と探究型学習の推進を示した。また、時を同じくして少子化にともなう高等学校再編にかかわる特色ある学校の設置が課題となり、２０１４年11月に「県立高校再編整備基本計画」が策定された。

そこで、山形県教育委員会では２０１５年６月から11月にかけて、「探究科等新学科の設置及び普通科活性化に係る検討委員会」で具体的な方策の検討をした。教育関係者、有識者など９名を委員に委嘱し、学習指導要領改訂や高大接続改革など国の教育改革の動向を見据えた検討が始まった。

この間、高校改革推進室職員による県立高校長及び中学校長等への①学習指導上の課題、②学力向上の手立て、③課題探究型学習の実施状況、④課題探究型学習導入上の課題、⑤アクティブ・ラーニング、体験型学習の実施状況、⑥各種科学コンテスト等への参加状況、⑦探究科等新学科の設置への期待と課題などの意見聴取も行った。

また、先進県の視察を行い、２０１１年に県内３校に探究科学科を設置した富山県や、探究的な学びや英語教育の充実を図り、「いしかわ探究スキル育成プロジェクト事業」を展開する石川県などから情報収集をした。

探究科・普通科探究コース

学科・コースの特色は以下の３点を挙げている。①探究型学習を充実するために「総合的な学習の時間（以下、総合学習）」を増やし、教科の枠を超えた探究型学習を充実させる。②高度な探究型学習を支える教科学力の養成のため、より発展的な内容の専門教科や学校設定科目で総合的な学力を伸ばす。③探究型学習を効果的に進めるため、体験的な学び、交流や発表の機会の提供をする。

入学者選抜の学区ごとに、探究科は西学区の酒田東高校、東・北学区の山形東高校、南学区の米沢興譲館高校を指定、普通科探究コースは東・北学区の新庄北高校、寒河江高校、南学区の長井高校を指定した。

探究科は1校定員80名で、1年次は共通の教育課程だが、2年次より自然科学系は理数探究科に進み実験や観察などを行う専門教科「理数」科目を中心に探究を深め、人文社会系は国際探究科に進みグローバルな視点から探究に取り組む。普通科探究コースは定員40名で、2年次からは文理混合で探究コース理系と探究コース文系に分かれる。

探究型学習の軸となる中核教員の育成

指定が決まった高校は、2018年度の改編に向けて準備を始めている。県としても2017年度から「探究型学習推進中核教員育成事業」を立ち上げた。探究科、探究コース設置6校に毎年1名ずつ中核教員を置き、3年間毎年違う教員を中核教員として任命する。3年後には18名の教員が中核教員を経験し、所属校の探究型学習の推進を牽引することになる。人選は学校と県教委の協議のもと行うこととなっている。

中核教員は校内組織体制を確立するためにコーディネーター的な役割を担い、総合学習のカリキュラム開発やオリジナルの「探究学習ノート」の作成、専門教科の指導力向上や職員研修会などでの教科の枠を超えた学びの在り方を提示するなどして指導方法を紹介する。また、先進校研修、中央研修、県教育センター研修、進学指導重点校会議等に参加して自己研鑽に努め、成果を校内研修や県全体の探究型学習推進研究会での講師として還元する。中核教員の配置校には、同一教科の探究型学習支援員（業務代替教員）が配置される。

高校教育課・曽根伸之課長補佐は、「中核教員には挑戦するつもりで臨んでほしい。新たな山形県の教育を担うという自負と周囲との協働を大切にしてほしい」と期待を込める。

先進校研修（県外高校への長期視察）

先進校研修の研修先は各高校が候補校を申請し、県教育委員会が研修先となる都道府県の教育委

員会と調整して決定し、その後の研修期間や期日、内容に関しては所属校と研修校で調整を行っている。

新庄北高校は、理数科で特徴的な取組をしている埼玉県立越谷北高校に視察を依頼した。中核教員の佐々木勝博教諭（外国語）は6月に5日間視察を行い、理数科の課題研究で探究の過程が3年間のうちには何度も繰り返されていることに注目した。「スパイラルを短くすると生徒の考える材料が増えて思考力が高まり、段階的にテーマ設定を広げていくことで、思考力・判断力・表現力を磨き、協働性・学びに向かう姿勢が育成されるのではないかと感じました」と話す。

一方、新庄北高校の総合学習では、2014年度より1年次に地域課題学習として最上総合支庁と連携した取組を行い、2年次には生徒の興味ある課題を設定し大学の研究室を訪問するなどして探究を深めてきた。佐々木教諭は「すでに本校で実践している内容と、新たに視察で取り入れたいと思ったことをどのように融合させるかが今後の課題です」と続けた。

今後、10月に4日間と12月、2月にもそれぞれ、課題研究の発表とそこに至るまでの指導者と生徒の関わりの場面を視察する予定で、探究のスパイラルを短くした時の生徒の変容に注目したいとしている。

酒田東高校の中核教員・鳥海志帆教諭（外国語）は、5月に4日間、鳥取県立米子東高校を視察をした。今年度からSSH校に指定されており、「準備段階の話を聞いたり、指定1年目の学校の様子を見たり、ガイダンスの方法や内容が参考になったりと、次年度の自校でのイメージがつかめました」と言う。課題研究のワークシートは、自校で作成する「探究学習ノート」の参考にしたいと考えている。

「課題研究の校内体制の整備を間近に見て得たことは多いです。生徒の指導体制は各クラスの副担任が担当し、講演会などの時は全クラスが同時に行い、クラス別の時は、学年全クラスが横並びではない時間割を組んでいました」と鳥海教諭は話す。言語表現トレーニングのように特定の教員が担当する場合には、時間割を調整して全クラスに行くことができるという利点があるそうだ。

ＩＣＴ環境の整備も進んでいて、鳥取県ではすべての県立高校の各教室にプロジェクタとＰＣが設置されている。「各教科の授業でもフル活用されていて、参考にする必要がある」と感じたという。また、図書館にはグループ学習や情報検索がしやすい環境があり、図書館の入り口には全国紙、地方紙の一面が掲示されていた。「自校でも7月からは数紙のトップ記事を昇降口に掲示しています。世の中で起こっていることを多角的に見てほしいという思いがあります」と語り、できることはすぐに実践に移している。さらに、全職員には報告書を配布して、職員会議でポイントを絞って周知している。

10月には「科学を創造する人財育成事業」の運営と現段階でのＳＳＨの実践の成果と課題や改善方法、次年度に向けての準備状況、2月には「課題研究発表会」と今後に向けての課題などに注目して視察する予定だ。

山形東高校が視察を依頼したのは、２００４年度からＳＳＨの指定を受けている福井県立藤島高校。理系だけでなく文系でも学校設定科目「研究」を探究的に行い、テキストとして「藤島ノート」を使用している。

中核教員の佐々木隆行教諭（理科生物担当）は4月に3日間、9月に9日間の視察をした。今後あと2回の視察を予定している。「年度の立ち上げ時期を見られたことは、学校の動きや1年の流れをイメージでき、有意義でした。4月下旬の段階でここまでできるという見通しを持つことができました」短期の学校視察では各校の特色を担当者から要点をしぼった形で説明されるが、長期の視察では、言語化しづらい多くの気づきがあった。たとえば、多くの様々な授業を見て学校として目指すスタンスと教員間の意思統一が見えてきた。授業ではアウトプットを重視して、生徒の思考過程を外化していた。「研究」で学んだ思考ツールを教科に還元しているが、スキルは教えても、それを使うことを強要はしていないように感じた。「このツールを使いなさいと指示すれば、一斉授業と変わらないことになってしまう。生徒の個性を尊重し、最適な方法で課題に取り組むことがさらなる伸びをもたらすのではないかと思いました」と佐々木教諭は話す。

研修や視察で多面的に学んだことを、月1度のペースで行われる校内研修会で伝えている。「探究」が何たるものかということから伝えた。「先生方は考えてくれ、時間をおいてから『こんなことしてみようと思うけど、どうかな?』などと声をかけてくれます。校内での『探究』に関するメタ認知が進んでいます」と、学校全体への広がりを実感したことを話してくれた。

教員の資質向上研修と支援

天童市にある山形県教育センターも「探究型学習推進プロジェクト」を推進し、県教育委員会や各教育事務所とともに、教員の資質向上を支援している。2015年度より小・中・高等学校を通じた「探究型学習」の推進と評価・検証について、各校種の接続を意識しながら探究型の学習を進める授業づくり研修会の実施、各学校での実践促進、教材開発、出前講座などを行っている。

希望者が受講できる探究型学習推進講座は、2016年度から年2回（4日間）行われている。2017年度は、7月に山形大学の江間史明教授、野口徹准教授による探究型学習の基本的な考え方の講義、探究型学習推進協力校の実践発表、先進的な実践事例の紹介、参加者が持ち寄った実践事例を基にグループワークで学習指導案を練り直し、発表するという研修を行った。また、東京大学の齊藤萌木特任助教による「知識構成型ジグソー法」の授業実践と研究討議、教科における授業分析と評価についての講義や演習も行った。

11月には、上智大学の奈須正裕教授による探究型学習におけるカリキュラム・マネジメントと教育課程の改善に向けての講演と演習が予定されている。

探究型学習推進担当の山科勝指導主事は、「高校でも、生徒が学びの主体となって協働的に問題解決を行う授業改善が進んでいる。総合学習の質的改善に取り組む学校も増えた。中核教員のように他の教員と協働して探究型学習の授業づくりやカリキュラム・マネジメントの核となる教員をより多く育て、学校が自らの力で継続的に授業改善に取り組んでいくことができるようにしたい」と熱く語る。

さらに、高校教育課が主催する教育課程連絡協議会総合学習部会では、全県立高校から参加して授業参観（課題研究の中間発表会・地域課題の解決策提案に向けてのプレゼン作成）が行われ、高校生の立場になって「山形県西村山郡朝日町に若者を呼び戻すにはどうすればいいか」について企画提案をするワークショップ等も実施されている。

10月には中核教員に特化した研修会を予定しており、各校の「探究学習ノート」作成の進捗状況と情報の共有、授業研究への取組の成果と課題等を持ち寄ってのワークショップを行い、さらなる改善を図る。

高校教育課高校改革推進室伊藤久敏室長補佐は「6校が先進的に行い牽引することによって全県的に探究型学習が広がっていくことを希望している。また、地方創生に活躍する生徒や、日本や世界にも挑もうとする生徒が生まれることを期待している」と話す。

夏にはすでに中学生や保護者に向けての探究科や探究コースの説明会が開かれ、地域への浸透も進む。来春に向け、さらに加速する全県での探究型学習へのシフトに注目したい。

第3章

〈編著者対談〉

高校も「探究」モードへ

田村　学
×
廣瀬 志保

新学習指導要領と「探究」

田村　まずは、２０１６年12月末に中央教育審議会より答申された新学習指導要領について解説したいと思います。

まず、大きなスローガンとしては「社会に開かれた教育課程」という言葉が挙げられ、この下に育成を目指す資質・能力について審議が進みました。今までのように知識を一つ一つ暗記していくという知識偏重型授業や教育活動ではなく、実際の社会で活用できるような資質・能力を育てようということです。

この育成を目指す資質・能力は３つのトライアングル、すなわち「生きて働く知識・技能の習得」「未知の状況にも対応できる思考力・判断力・表現力等の育成」「学びを人生や社会に生かそうとする学びに向かう力・人間性等の涵養」という形で示されました。これを柱に幼稚園から高校までを貫く形で学習指導要領改訂の審議が行われてきました。

この資質・能力を育成するためには、やはり「主体的・対話的で深い学び」（「アクティブ・ラーニング」＝ＡＬ）の視点からの学習過程の改善が必要だということが示されました。さらに、カリキュラム・マネジメントの充実が求められています。

高校もこの基本コンセプトの下で進んでいきますが、特に教科・科目の再編が多く、先生方にとってはかなりインパクトがあるでしょう。また、高大接続改革とも連動していることもポイントです。大変なことも多いかもしれませんが、一方でチャレンジしたい、新しいことをしたいという先生方にはチャンスとも言えます。実際に変わろうとしている雰囲気を強く感じます。

廣瀬　ご指摘の通りで、すごくその雰囲気を感じますし、実際に変わっている、変わろうとしていると思います。

田村　改訂をある意味先取りしてきたのが「総合的な学習の時間」（以下、総合学習）です。「月刊高校教育」では廣瀬先生が全国の先進校を訪問し、レポートする「輝け高校生」を連載してきました（本書、第2章参照）。それを読むと、少しずつ高校でも総合学習の授業実践が進化している様子が分かります。総合学習を最も象徴するのが「探究」という言葉であり、今次改訂も「探究」モードにシフトしていこうと捉えることもできます。

廣瀬　たしかに、それは「理数探究」をはじめ「探究」を付した科目が多くなったことにも表れていると思いますが、そのねらい等もうかがいたいです。

田村　新学習指導要領では各教科、課題研究、理数探究とそれぞれ「探究」が強調され、教科横断的な視点が強くなったと捉えられます。ただし、どうしてもそれぞれの教科の特性は出るでしょうから、どの教科の特性も含みつつ、実際の社会とのつながりも視野に入れながら、将来にわたって子どもたちが現実問題を解決していくような時間が重要だということで、総合学習も「総合的な探究の時間」と衣替えをすることになります。

総合学習を生かすために

廣瀬　総合学習が大事だということは認識されていますが、高校では小中学校に比べ取組が進んでいないとの指摘もあります。具体的には今後どう取り組んでいけばよいでしょう。

田村　高校でもいい事例は既にたくさんありますので、まずはそれに学ぶことでしょう。繰り返しになりますが、連載で取り上げてきた高校はそうした事例です。そうした事例をたくさん見た廣瀬先生は、本当にすごい総合学習の授業ができると思います（笑）。

廣瀬　それは厳しいですが（笑）。先進校を見ていると、授業改善も総合から始まっている、総合学習を軸にカリキュラム・マネジメント（カリマネ）が回っている、教科横断の軸になっているということは見えてきました。また、個々の先生方が総合学習を経験することにより、教科の授業も少しずつ変わってくるということをよく聞きました。

田村　その要因はどこにあるんでしょう？

廣瀬　まずは教員自身がスキルを修得することができることにあります。ＡＬ型の授業で必要な、生徒が思考して発言するまで待てる、対話の場面を取り入れられる、発表の時間を創出できる等々のスキルです。

田村　それは、総合学習の特性かもしれません。身に付けるべき知識・技能は、教科に比べて緩やかですし、生徒自身が課題を設定できます。その課題も一人で取り組むのではなく、教室の仲間や地域の人と一緒に取り組むことができます。まさに、新学習指導要領でいう授業のありようだと思います。ですから、総合学習にチャレンジすることが新しい授業のイノベーションとシンクロするという廣瀬先生のご指摘は、まさにその通りです。高校全体が変わろうという雰囲気はありますよね。

廣瀬　強くあります。今は統廃合のこともあり、各高校とも特色づくりに必死です。そうした中で総合は非常に目玉にしやすいです。

田村　小中と比べて、統廃合は大きな要因です。その意味で、総合総合学習をいかにオリジナルなものにして、学校の教育目標とシンクロさせてやっていくかということは高校にとって非常に重要になってきます。さらにこのことは、新学習指導要領のカリマネ重視とも重なることです。

このカリマネこそ、高校が力を入れるべきです。決まりきった指導計画の配列だけでなく、もう少し地域や学校の特色を生かす、生徒に本当に必要な力をつける、資質・能力の育成に向けていく、そうした視点が必要です。

廣瀬　正直、カリマネは大学入試の影響が大きいと思います。どうしても、こういう大学を目指すからこういうカリキュラムが必要、という考え方で動いてしまいます。残念ながらこれまでは資質・能力ではなく、大学ありきのマネジメントだったような気がします。

チャレンジのきっかけは？

田村　そうした高校文化の中で、廣瀬先生ご自身は早くから総合学習に力を入れてきたお一人です。なぜ、取り組むようになったのでしょうか。他の人とは意識が違ったのでしょうか？

廣瀬　そうですね、私もはじめからやっていたわけではなく、転勤先で総合学習担当になったことがきっかけでした。そこでやってみたら、生徒の変容が見えたんです。

そんな私自身の経験を裏付けるように、取材を続ける中で「総合学習があったから今の進路を選びました」と言う生徒が本当に多いことに驚いています。そうした発言が出るのは、総合学習では自分の興味・関心に応じて課題設定をして、学びを深めることができるからだと思います。そして、その姿を見た教員は新たなやりがいを感じ、授業全体を見直すことにつながります。

田村　さらに、総合学習で学んだテーマを大学でも続けているとか、総合学習での経験が大学でも生きているとか、そういう話がとにかく多いです。総合学習がきっかけで仕事や大学を選んでいる生徒たちがいるということが分かりました。

廣瀬　それが本来の意味でのキャリア形成ということです。ただ、なかなか高校の進路指導はそこまでいっていない気がします。

田村　大学の学部や学科、仕事の調べ学習はします。でも最終的には、偏差値レベルに応じて決めてしまうこともありますね……。

廣瀬　総合学習に力を入れた生徒たちはおのずと主体的に進路を選べるのでしょうが、その数はまだまだというところでしょうか。

おそらく少ないです。ただ、力を入れている生徒たちはしっかりと自分のテーマを見つけ、周りともいい刺激を受け合い、学びを深めます。あるいは、小中学校で興味をもったことを高校で深め、さらに継続させ、中にはそのテーマと一生つき合っていく、そうしたことにもつながっていく気がします。その例として、総合学習で地域と連携した学習をした生徒が、大学卒業後は地元に帰ってきたいと言っていた例もあります。

田村　それは、高校の先生からしてみたら本当にうれしいでしょうね。

廣瀬　うれしいですね。ですから、今、一生懸命な先生方はこうした体験をしたり、これから体験するのだろうと想像します。

田村　高校生も分かっていると思います。自分の暮らし、社会の中で本当に関心のある問題を、自分たちの力で本気になって学んでいくことこそが充実した時間になり、学びがいもある、さらには学力もついていくと。

廣瀬　その証拠に、自分の高校では総合学習が充実していないことが分かっていて、それでもなんとか自分で学ぼうと、外へ出ていく高校生も出てきています。スーパーグローバルハイスクール（ＳＧＨ）校は充実していてうらやましい、という声を聞くこともあります。

田村　他校がどんな授業をやっているか、どんな授業は面白いのか、他校の生徒はこんな学びをやっているということなどは、ＳＮＳなどもありますので、そうした情報は自分で手に入れているのでしょう。

知識の習得も主体性で変わる

田村　総合学習が意欲を高めるとか、将来の自分の人生観・職業観につながることも非常に大切ですが、一方で、期待する学力レベルに達するかどうかも高校では重要です。

廣瀬　このバランスをいかにとるかは、本当に難しいですね。大学入試改革がどう進むかとも関わりますが、舵をどこへ切るべきか、進学校であればあるほど悩むと思います。

田村　これまでは知識の習得が重視されていて、そのためには一定程度知識を注入し、反復するような授業が必要だった。そうするとそのための効率的な授業が求められ、一定のスタイルが定着してきた、こうした流れがあったと思います。これで機能してきたという自負もあるので、なかなかすぐにここからは抜けられないという感じでしょうか。

廣瀬　その通りだと思います。

田村　しかし、従来形の授業スタイルの中でも実は探究的に学んだり、協働的に学ぶ生徒は一定程度いたと思いますし、そうした生徒は受験学力とは違った力を身につけ、受験学力においても成果も上げているのではないでしょうか。

廣瀬　そういう生徒はいると思います。それにしても、そうした生徒も含め、なぜ総合学習をがんばる生徒たちは大きく変われるのでしょうか。小中学校ではどうですか？

田村　結局、小中学校も含め、学ぶということは受動的ではなく能動的な営みだということでしょう。やらされているうちは、本当の意味での学びではないんです。入試では一定の知識は必要で、それは覚える必要もありますが、覚えさせられている限りなかなか身につかない。ところが、同じ習得においても、主体的に学ぶ状況が出てくると効果的で、そうした状況をつくることこそが大切です。

あるいは、ＡＬを取り入れると時間が足りないといいますが、意外とそんなことはありません。学習者が主体的であれば、加速度的に学びを進めますし、結果的には知識も確実に早く覚えていくと考えられます。

教科と総合学習

廣瀬　ところで、新学習指導要領での各教科と「総合的な探究の時間」（予定）の関係はどうなりますか？

田村　大きくいえば、総合的な探究の時間はよりタテ系列、つまり教育目標とのつながりを明確にしようという話になっています。そして、ヨコの教科間でどうつなぐかですが、特にカリキュラムデザインをどうするかと考えるときに重要になります。つまり、専門教科と総合学習のつながりをこれまで以上に意識していただくということになります。実際にできるかどうかは意識改革次第で、非常に難しいでしょうが。

廣瀬　正直、自分の教科から出ていくのはかなり難しいのではないでしょうか。

田村　小学校は全教科を見なければならないですから、総合学習まで含めてデザインしやすいのかもしれません。しかし、高校はそうは単純にはいかないでしょう。ですから、まずは自分

廣瀬 の教科と総合学習の間を少し考えてみるぐらいでもいいと思います。それは一番シンプルですし、考えやすいですね。

田村 自分の教科はこう、学校目標はこう、そこで総合学習はこう……という具合に考えてみるだけでもずいぶん変わると思います。

廣瀬 変わるでしょうね。さらに、研修なども教科内で閉じられた形のものが多いのですが、総合学習を通すとTTの機会なども増え、全体での研修もしやすくなります。

田村 総合学習はどうしてもいろいろな教科を通さざるを得ないですから、自然とそうなるでしょう。しかし、そうした研修は高校ではなかなか盛り上がりにくい。

廣瀬 正直、乗り気じゃない先生もいますが、ワークショップなどを入れると本当に盛り上がります。先生方自身もそうした学び方が新鮮ですから、楽しくなっていくんでしょうね。さらに、先生方が実践を通して新しい授業方法を知ると非常に効果的です。そう考えると、今は何となく授業改善ということが頭にあるんでしょうが、どうやればいいのか、何が求められているのかが分からないということなのかもしれません。

田村 おそらく教員である限り、生徒が主体的に学ぶような授業をしたいという思いは潜在的にあるんです。それが、ある程度の刺激があればむくむくと持ち上がってくるんだと思います。

廣瀬 学校文化も変わりつつある気がします。そして、近い将来ももちろんですが、より遠い未来を見ている先生方ほど、今変わらなければという意識は強いです。

田村 高校はより社会に近いですから、生徒に対しての責任や自覚が非常に強いんです。だからこそ、知識技能をしっかり身に付けさせて、進学なり就職なりさせなければと指導されているんだと思います。ただし、この先はその社会自体が変わっていきますから、どういう社会で彼らはどう活躍していくかを考える必要があります。

廣瀬先生のご指摘の通り、そうしたビジョンを持てる先生は変わりつつあるんでしょう。取材を続ける中でも変化を感じますか？

廣瀬 たとえば、以前は総合学習や地域連携に力を入れている特色ある学校を探すのが大変でしたが、今はどこの県でも少なくとも2～3校はすぐに見つかるようになりました。

総合学習はなぜ広まらなかったのか

廣瀬 外から見ていて、なぜ高校で総合学習が広がらなかったと見ていますか？

田村 いろいろあるでしょうが、一つには総合学習の目的やねらいがうまく伝わっていなかったんだろうと思います。「探究」が前面に出ていなかったこともありますし、「横断的」というのが難しかったかもしれません。あるいは「体験させればいい」みたいな認識もあったでしょう。

ただ、今は高校でも実践は着実に積み上がってきましたから、今後はそれをいかに共有して広めていけるかですね。もちろん、それは文部科学省の仕事でもあります。

廣瀬　何かお考えはありますでしょうか。

田村　なかなか難しいのですが、難しい理由の一つに、総合学習が各学校の独自性を生かすために、そもそも学習指導要領上もそんなに強く縛っていないということがあります。とはいえ、新学習指導要領では名前も位置付けも変わりますので、国としても支援をしていかなければと考えています。現在考えているのは、高校専用に生徒用教材・サブテキストのようなものを作り、配布できればと考えています。

廣瀬　内容等は各学校で決め、それを補う補助テキストのようなイメージですか。

田村　探究プロセスの中で行われる様々な学び方や方法は一定程度、共通するものがあります。それをまとめたようなツールです。

探究の4つのプロセス

田村　高校の先生方は決してご自分も探究活動をしていないわけではないと思います。ただ、それが無自覚であったり、生徒に教える際の方法論として確立されていなかったりしているだけなのでしょう。つまり、探究するということはどういうことで、どういうプロセスで、どういう手法があってということを意識してこなかったんでしょう。高校の教科は広く、人文科学も自然科学もあり、それぞれある程度固有のものが確立されていると思います。

ですから、そこで一定程度、共通性を見いだして整理すれば、ずいぶん違うでしょうね。今の生徒用教材も一つですし、先進的な先生方の知見を集めながら、ある程度の総合のスタンダードを示していくことの必要性も感じています。

廣瀬　個人的には、各学問領域での探究よりも、総合学習の括りの方が分かりやすいですし、生徒たちにも伝えやすいです。さらに、総合学習はより広い視点でのスキルや思考ツールなどが示されています。これらはどの教科で

も活用することができ、汎用性が高いです。

田村 各教科にも探究のスキームは内包されていますが、総合学習は学ぶ対象よりもプロセスの方がより強調され、どう探究していくかというところに目が向けられるので、学び手もそれを意識しやすいし、他でも使えるということになるんでしょう。

廣瀬 たしかに、最初は「探究」といわれても分からなかったですね。でも、総合学習で示された探究のプロセスを学んだときに、よく分かるようになった気がします。

田村 「探究」というとそれぞれの独自の理解もあると思いますが、総合学習のワーキングで示した探究のプロセスでは、基本的に「課題の設定」「情報の収集」「整理・分析」「まとめ・表現」という4つのプロセスを提示し、それが繰り返し、スパイラルしていくこととしました（17ページ参照）。

そして、一連の問題解決が連続的に、発展的に繰り返されていくとともに、その過程において自己の生き方を問い続けることにつながっていくことが、基本的なイメージとなります。つまり、そのプロセスを回し、設定した課題を解決していくことが自分の生き方とつながっていく、そのような営みとして捉えられるとよいと思います。

廣瀬 個人的には、以前この説明を聞いて、非常に分かりやすくなりました。他の先生もたとえば「調査」といわれると具体的でイメージしやすいのでしょうが、「探究」というとどうも漠然とした理解になってしまうようです。

田村　私なりの理解では、まずは課題を設定し、様々な手法で情報を収集する。そして「整理・分析」が難しいのですが、たとえばシンキング・ツールなどを使いながら集めた情報を取捨選択し、考察していく。ここが深まれば深い学びにつながるのでしょう。そして、最後にまとめ・発表でアウトプットしていく、そんな流れと捉えています。

また新学習指導要領では、各教科でも探究プロセスを意識することが強調されています。プロセスの充実こそが主体的に資質・能力を育てることにつながる、という考え方が背景にあります。それを先取りしていたのが総合学習と言えるでしょう。

廣瀬　「習得・活用・探究」との関係はどうなりますか？

田村　前回改訂では、教科で「習得・活用」、総合学習で「探究」としていて、かなり役割分担的な捉え方でした。今回は全教科に探究もということですから、役割分担ではなくそれぞれの教科ごとに習得・活用・探究がある。そして、総合的な探究の時間こそが、探究の総仕上げの存在になると考えることができます。

授業改善を意識した学校マネジメントを

廣瀬　先生方の多くは、どうしても失敗を恐れる傾向にあると思います。そこで、探究の取組も

田村　「これぐらいでいい」と分かれば早いのではないでしょうか。
たとえば、探究はＩＣＴとも親和的ですが、そこはもう高校生の方が進んでいます。その時に、先生はすべてを教えるという役割でなくともいいと思うんです。むしろ、その生徒の探究活動に一緒になって取り組んだり、アドバイスしたりする伴走者でいいんではないかと思います。

廣瀬　それができるといいんですが、どうしても「これを教えなければ」という義務感の方が強いですし、探究重視だと「これでいいのか？」という不安感も強いです。

田村　その辺は今度はマネジメントの問題になってきます。研修を企画する、学校として総合学習に力を入れるなど、具体的な策を打っていかなければなりません。

廣瀬　そうなるとそこは管理職ということになりますか？

田村　やはりトップリーダーの力は大きいでしょうね。高校は非常に力のある方が集まっています。ですから、課題はやはりその方々をどう生かすか、どういう組織をどうつくるかだと思います。これがうまくいっている学校が、今少しずつ増えていると思います。

廣瀬　最近はマネジメントに力を入れて、授業改善が進んでいる学校も増えてきました。最近行ったところでは、東京都立南多摩高校（136ページ参照）などはおもしろかったです。期間限定のプロジェクトチームを作り、各チームには必ず若い人も入れてやっていて、それが先生方のやる気にもつながっていました。あるいは京都の嵯峨野高校（128ページ参照）では、分掌を大括りにして、それぞれの人数が増えたところにチーム長としてミドルリーダー的役割の人を配置するという形にしていました。

田村　その際、授業改革が中心になっていることが大事です。岡山の後楽館高校などはそうですが、それまでは教科ごとだった授業研究会なども、教科を超えたチームで行っています。これだと、今までにない人的交流も生まれ、授業改善が活発に進みます。

廣瀬　人的交流は大事ですね。そうした交流を深める意味でも、総合学習はおのずと教科を超えた話になるので、大切にすべき分野だと思います。

（本対談は2017年3月に行ったものです）

おわりに

教育課程の基準の改訂に向けて、その動きと流れは高校において大きなうねりとなってきた。それは大学入試改革とも連動して、授業づくりやカリキュラムデザインなどの、今までの高校には見られなかった様相として現れている。その中心に「探究すること」があるのではないだろうか。この度の高校における教育課程の見直しをシンプルに示すとすれば、それは「探究」に向けた改善と言える。

見直しにおいては、いくつかの新しいキーワードが生まれた。「社会に開かれた教育課程」「育成を目指す資質・能力」「アクティブ・ラーニングの視点による授業改善」「主体的・対話的で深い学び」「カリキュラム・マネジメント」などである。そのどれもが探究する「総合的な学習の時間」（以下、総合学習）と大きく関係している。

生徒一人一人の豊か生な学びの実現に向けて、探究する総合学習では、地域を学ぶだけではなく、地域で学び、地域に暮らす人々とともに学ぶことが行われてきた。まさに、社会に開かれた教育活動を最前線で展開してきた。地域を元気づけ、地域活性化に結び付いたとする事例は枚挙にいとまがない。

また、探究する総合学習こそが、実際の社会において活用できる資質・能力の育成を目指して創設された時間であることは、疑う余地のないところである。そして、そこでは、学習者である生徒主体の能動的な学習としてのアクティブ・ラーニングが行われ、生徒の学びは主体的・対話的で深い学びとして具現されてきた。

カリキュラム・マネジメントの考え方も、探究する総合学習で熟成され、確かに成熟してきたものと捉えることができよう。これまでの学習指導要領はナショナルスタンダードとして全国一律に学ぶべき目標と内容を示していた。しかし、総合学習は、それらを各学校において定めることとした。各学校においてカリキュラムをデザインすることが必然的に生まれ、それらを実施し、評価し、改善していくサイクルを回すことが行われてきた。また、学校の内外における豊かな教育資源を利活用することも得意とするところであった。

結果として、高校の総合学習は、「総合的な探究の時間」と名実共に一層の充実の方向に向かう。

本書は、明治維新以来とも言われる学習指導要領の大改訂において、高校の今後の方向性を示す具体的な実践事例を紹介している。「月刊高校教育」において、いち早く連載してきた事例の中から、高校における「探究すること」やこれからの総合学習を象徴的に示す事例を掲載した。結果として、本書はこれからの高校の学びの姿を示すものとなった。

なお、本書の事例を毎月取材し、連載の筆を執ってきたのが本書を編集し、本書の共同執筆者でもある廣瀬志保さんである。おそらく、日本の高校の探究の実践事例を最も熟知してるのが廣瀬さんであろう。この場を借りてお礼申し上げたい。

最後に、本書が、「総合的な探究の時間」の実践はもとより、日本全国の高校の教育改革を劇的に推進することに寄与するものとして、少しでも役に立てることを願っている。

２０１７年10月

田村　学

編著者略歴

田村　学（たむら・まなぶ）

國學院大學人間開発学部初等教育学科 教授

新潟県生まれ。新潟大学教育学部卒業後、新潟県上越市立大手町小学校教諭、上越教育大学附属小学校教諭、新潟県柏崎市教育委員会指導主事を経て、2005年より文部科学省教科調査官、視学官。2017年より現職。著書に、『こうすれば考える力がつく！中学校思考ツール』（小学館）、『今日的学力をつくる新しい生活科授業づくり』（明治図書出版）、『授業を磨く』（東洋館出版社）など多数。

廣瀬 志保（ひろせ・しほ）

山梨県総合教育センター主幹・指導主事

山梨県生まれ。山梨大学大学院教育学研究科教職大学院修了。大学卒業後、NHK甲府放送局キャスターなどを経て、山梨県立高校教諭。2016年より現職。担当教科は理科・生物。早くから高校での「総合的な学習の時間」の実践に力を入れ、数々の実践を展開する。現在、日本生活科・総合的学習教育学会の常任理事も務める。

「探究」を探究する
― 本気で取り組む高校の探究活動 ―

2017年12月20日　初版発行
2020年6月1日　第2刷発行

編　著　者 ―― 田村　学 ＋ 廣瀬 志保
発　行　人 ―― 安部 英行
発　行　所 ―― 学事出版株式会社
〒101-0021　東京都千代田区外神田2-2-3
☎03-3255-5471
HPアドレス　http://www.gakuji.co.jp

●編集担当 ―― 二井　豪
●デザイン ―― 細川 理恵
●編集協力 ―― 上田　宙（烏有書林）
●印刷・製本 ―― 研友社印刷株式会社

ISBN 978-4-7619-2374-7　C3037　　Printed in Japan